BREVE HISTORIA DE LOS CONCILIOS

HUBERT JEDIN

BREVE HISTORIA DE LOS CONCILIOS

BARCELONA
EDITORIAL HERDER
1963

Versión española por ALEJANDRO ROS, hecha directamente sobre la primera edición de la obra original alemana *Kleine Konziliengeschichte* de HUBERT JEDIN, publicada en 1959 por Verlag Herder KG de Friburgo de Brisgovia

En la cubierta, se reproduce un detalle de la xilografía que figura en la *Chronik des Concils zu Constanz*, de ULRICH VON RICHENTAL (1414-1418)

Primera edición 1959
Segunda edición revisada 1960
Tercera edición 1963

NIHIL OBSTAT: El censor, JOSÉ MARÍA DALMAU, S. I.

IMPRIMATUR: Barcelona, 3 de octubre de 1959
Dr. JUAN SERRA PUIG, Vicario General

Por mandato de Su Excia. Rvma.
ALEJANDRO PECH, Pbro., Canciller-Secretario

N.º Registro 3131-60

ES PROPIEDAD DEPÓSITO LEGAL B. 12386-1959 PRINTED IN SPAIN

Impreso en Service Point F.M.I., S.A.

ÍNDICE

Págs.

ACLARACIÓN DE CONCEPTOS

Según el derecho canónico vigente (CIC can. 222-229), los concilios ecuménicos son asambleas de obispos y de determinadas personas investidas de jurisdicción que, convocadas y presididas por el papa, dictan resoluciones — que deben ser refrendadas por el papa mismo — sobre asuntos concernientes a la fe y a la disciplina eclesiástica. Participan en ellos por derecho propio los cardenales, aunque no posean el orden episcopal, los patriarcas, arzobispos y obispos, incluso los obispos titulares (caso que en la convocación hayan sido mencionados expresamente), el abad primado y los abades generales de las congregaciones monásticas, los superiores generales de las órdenes exentas y los abades y prelados con jurisdicción territorial propia. El derecho de participación está ligado a la persona; no está excluida la delegación, pero ésta no implica derecho a pluralidad de voto. Los participantes tienen derecho, con anuencia de la dirección del concilio, a presentar ponencias sobre el programa del mismo. El concilio ecuménico goza de «la suprema autoridad sobre la Iglesia universal».

Conviene distinguir de los concilios ecuménicos a los concilios provinciales de los obispos de una misma provincia eclesiástica reunidos bajo su metropolitano, así como los concilios plenarios, que comprenden varias provincias eclesiásticas y se celebran bajo la presidencia de un legado pontificio (CIC can. 281-283 s). Los sínodos diocesanos, organizados por los obispos, no son concilios en todo el rigor de la palabra, dado que en tales sínodos es siempre el obispo el único legislador.

Mientras los concilios provinciales son anejos a una antiquísima institución de la organización eclesiástica, el conjunto de diócesis provincial o metropolitano, los concilios plenarios reúnen a los obispos de varias provincias eclesiásticas de un determinado país o de un grupo de países, en los que parece conveniente coordinar la labor misionera y de cura de almas. En este sentido, los tres concilios plenarios de Baltimore (1852-1884) contribuyeron a la organización de la cura de almas en los Estados Unidos de América.

De los concilios provinciales y plenarios en el sentido del código de derecho canónico hay que distinguir las conferencias episcopales que se vienen celebrando en varios países (en Alemania desde 1848) bajo la presidencia del obispo, o cardenal, más elevado en rango, y a veces del nuncio acreditado o de delegados apostólicos. Se ocupan de los asuntos generales de las diócesis del país en cuestión, pero no gozan de poder legislativo como los concilios, de modo que sus decisiones no obligan en derecho a los participantes. En los países de misión las conferencias episcopales reúnen a veces a los obispos de regiones enteras, como la conferencia episcopal celebrada en Manila del 10 al 17 de diciembre de 1958, que, bajo la presidencia del cardenal Agagianian, reunió a más de cien obispos de las tierras del Extremo Oriente, desde el Japón hasta Indonesia.

En este librito no nos ocupamos de estas conferencias episcopales ni de los concilios de categoría inferior, sino única y exclusivamente de los veinte concilios ecuménicos reconocidos por la Iglesia. Hasta fines del primer milenario no es la intención ni la voluntad de reunir tal concilio expresada por el convocante, la que determina el carácter de ecumenicidad de un concilio. Tampoco el reconocimiento de las decisiones por el papa en aquel período tuvo desde un principio el carácter de aprobación formal, como lo tuvo claramente en los concilios ecuménicos posteriores. Precisamente el reconocimiento de estos veinte concilios como ecuménicos no remonta a un acto legislativo pontificio que los abarque a todos, sino que se ha ido afirmando en la ciencia y en la práctica eclesiásticas. Aunque no existe todavía ninguna investigación científica detallada de cómo llegaron a ser recibidos por la Iglesia tales concilios, sin embargo, se puede afirmar que los ocho concilios ecuménicos de la antigüedad se consideraban ya a principios del siglo dieciséis como un bloque de determinada fijeza. Donde se notan vacilaciones es en el enjuiciamiento del primer concilio Lateranense y —como es natural— del concilio de Basilea. El cardenal Domenico Jacobazzi, en su obra «Sobre el Concilio» redactada durante el quinto concilio Lateranense, pero no publicada hasta 1538, no enumera los dos primeros concilios Lateranenses ni tampoco el de Basilea. Lo mismo el obispo Matías Ugoni en su obra de 1532 sobre los concilios. En el concilio de Trento los españoles y los franceses se resistieron a reconocer el quinto concilio Lateranense. En cambio, el cardenal Belarmino tiene ya la misma enumeración de hoy. Para la edición romana de los concilios (v. infra *Fuentes e Indicaciones bibliográficas)* compuso una «Advertencia al lector» acerca del concilio de Basilea, que, sin embargo, quedó inédita al momento de la publicación por el hecho de no publicarse las actas del concilio de Basilea.

Además de esto, la realidad histórica es mucho más matizada de lo que podrían sugerir las netas calificaciones y definiciones de conceptos del código de derecho canónico. En realidad aparecen en la historia muchos más tipos de concilios, que ni siquiera el historiador llega siempre fácilmente a distinguir. Nos vamos a contentar con algunas insinuaciones.

La reunión en Jerusalén de los «apóstoles y ancianos» (Act 15, 6-29) se consideró en época posterior como el prototipo de las asambleas de obispos de la antigüedad cristiana, llamadas sínodos (de σύνοδος, asamblea, o lugar donde se celebra). En aquella reunión Pablo y Bernabé abogaron por la liberación de la ley judaica de los cristianos provenientes del paganismo. El resultado fue la aceptación y transmisión a la comunidad de Antioquía de la propuesta conciliadora del apóstol Santiago el Menor: «Nos ha parecido al Espíritu Santo y a nosotros no imponeros otra carga, fuera de éstas que son precisas: que os abstengáis de manjares inmolados a los ídolos, y de sangre, y de animal sofocado, y de la fornicación.» Los 85 «cánones apostólicos», presunta compilación de Clemente de Roma transmitida en el Libro octavo de las «Constituciones Apostólicas», no remontan al tiempo de los apóstoles, sino que probablemente fueron compilados a principios del siglo quinto a base de cánones de anteriores concilios, sobre todo del concilio de Antioquía del año 341. En la edad media pasaban por auténticos.

Cabe dudar si los más antiguos sínodos episcopales conocidos, que se reunieron en Asia Menor en la segunda mitad del siglo segundo contra la secta de los montanistas, enlazaban con el citado «Concilio apostólico»; como tampoco se ha demostrado que tuvieran como modelo a las asambleas provinciales de los romanos. La explicación más obvia es la siguiente: los obispos de regiones colindantes se reunían para deliberar y tomar decisiones en común sobre errores y discrepancias en la fe, que daban qué hacer a sus comunidades. En estos casos correspondía desde luego la iniciativa y la precedencia a comunidades de origen apostólico. El obispo de Roma, Víctor, reunió en 197 un sínodo, en el que se decidió en contra de la fecha de la Pascua divulgada en Oriente.

En el siglo III son ya una institución estable los sínodos episcopales, anejos en parte a las uniones metropolitanas que van surgiendo, pero que a veces se extienden más allá de esos límites. Cipriano, obispo de Cartago, reúne en 256 a 87 obispos africanos, para reforzar su opinión de la invalidez del bautismo administrado por los herejes. Poco después del año 300 se reúnen en Elvira 19 obispos españoles y 24 presbíteros de toda la Península, consignando disposiciones sobre la disciplina eclesiástica en 81 cánones que todavía se conservan. Es verdad que a estos sínodos les falta todavía una competencia netamente definida; ellos mismos se consideran como testigos de la tradición y su autoridad depende de la eventual aceptación por la Iglesia universal. El canon 5.º del concilio de Nicea, que prescribe dos sínodos por año, demuestra que los sínodos episcopales eran ya una institución estable a principios del siglo cuarto.

La posibilidad y al mismo tiempo la necesidad de reunirse los obispos de toda la οἰκουμένη, es decir, de todo el mundo de cultura grecolatina, se dio por primera vez cuando el cristianismo, por obra de Constantino el Grande, disfrutó de tolerancia, convirtiéndose finalmente en religión predominante del Estado. La unidad y el orden en la Iglesia vino a ser a la vez interés del Estado. Ya en el año 314 convocó Constantino en Arles un sínodo de 33 obispos de todo el mundo occidental, sínodo que se ocupó de la disputa donatista surgida en África, de la cuestión del bautismo de los herejes y de la fecha de la Pascua. Un decenio más tarde le siguió el primer concilio ecuménico de Nicea, que fue a la vez concilio de estado (v. parte primera). No hay sin embargo que olvidar que más de un concilio de estado que se había proyectado como ecuménico, no obtuvo esta categoría, como sucedió con el de Sárdica (343) y los de Seleucia y Rímini (359/360), que actuaron separadamente para Oriente y Occidente; mientras, al contrario, el concilio de Constantinopla, proyectado sólo para la parte oriental del Imperio (381), debido a sus importantes definiciones de fe sobre la divinidad del Espíritu Santo que eran de interés general, logró aceptación también en Occidente, merced a la autoridad del obispo de Roma.

Paralelamente a la elaboración de las organizaciones metropolitana y patriarcal se fueron desarrollando los tipos de sus correspondientes sínodos: los sínodos patriarcales que reunían a los patriarcas de Alejandría y Antioquía, y más tarde también de Constantinopla; los sínodos provinciales, que se reunían dos veces al año en Oriente para decidir sobre la elección y la consagración de los obispos y para liquidar discusiones. Por otra parte, en África se tenían concilios plenarios de los obispos africanos en Cartago, que no estaban ligados a una provincia eclesiástica o a un patriarcado. No exageramos al decir que en estos sínodos palpitaba la vida de la Iglesia antigua; los concilios ecuménicos eran la clave de todo el edificio sinodal.

Un nuevo tipo conciliar surge en los dominios germanos, en los cuales los reyes ejercían influjo decisivo en las iglesias nacionales. Estos concilios de estado o nacionales, que a veces iban a la par con asambleas nacionales de los magnates del país sin estar por eso identificados con ellas, se llamaron sínodos o concilios generales porque no se limitaban a los obispos de una provincia eclesiástica, sino que abarcaban a toda la nación; sin embargo, no eran concilios generales en el moderno sentido de la palabra. Incluso en asambleas nacionales mixtas se trataban asuntos eclesiásticos en deliberaciones particulares de obispos, si bien en la época carolingia sus decisiones eran promulgadas por el rey como leyes de la nación. Durante toda la alta edad media celebraron los reyes alemanes en Alemania y en Italia sínodos nacionales, en los que a menudo se hallaban presentes grandes del mundo, sin que por ello perdieran los sínodos su carácter eclesiástico. Aparte de los sínodos nacionales se reunían también otros puramente episcopales, como los del obispo de Maguncia, Aribón, en Seligenstadt y en Höchst (1023/24). En Inglaterra permanecieron las cortes del reino separadas de los sínodos nacionales celebrados bajo la presidencia del arzobispo de Cantórbery.

Si es verdad que en los concilios nacionales visigóticos, francos y alemanes, convocados por los soberanos, tuvo la palabra en la Iglesia el poder secular, con todo en los concilios celebrados por los papas a partir de la reforma gregoriana fue creciendo el influjo del papado reformador en la lucha por la libertad de la Iglesia. Los concilios de reforma de León IX y los sínodos romanos de cuaresma de sus sucesores fueron precursores de los concilios papales generales de la edad media, que han logrado aceptación ecuménica (v. segunda parte).

La posición dominante del papado desde el siglo doce se hace palpable cuando, principalmente en el siglo trece, se celebran concilios nacionales bajo la presidencia de legados pontificios, como el de Hungría en Gran (1256), el de Francia en París (1263) y el de Alemania en Wurzburgo (1287). Este tipo desaparece en el siglo catorce con el desarrollo de los estados nacionales occidentales y el debilitamiento del papado con el gran cisma. Las asambleas nacionales de obispos y clero organizadas sin intervención del papa, que procuran evitar la denominación de concilios nacionales, están por lo regular animadas de tendencias antipapales, como los concilios nacionales de París (1395, 1398, 1406), que se ocuparon en poner fin al cisma. Es una época en la que, después de ver frustrados todos los otros medios, el concilio ecuménico debía tomar por su cuenta la superación del cisma, intentan, sin embargo, a la vez, bajo el influjo de la teoría conciliar, constituirse en última instancia por encima del papado (v. tercera parte).

Pero fue en el siglo siguiente, cuando los concilios

proyectados e incluso celebrados a escala nacional empiezan a constituir la preocupación constante de los papas y un motivo serio para la convocación de un concilio ecuménico. El concilio nacional de Spira (1254) proyectado en Alemania no llegó a efectuarse; la asamblea del clero en Poissy (1561) acompañada de un coloquio religioso, que equivalía a un concilio nacional, confirmó a Pío IV en su resolución de reanudar el concilio de Trento (v. cuarta parte).

La reforma tridentina da nueva vida a los concilios provinciales, que desde el siglo catorce habían caído casi completamente en desuso. Los concilios provinciales de Milán organizados por san Carlos Borromeo sirvieron de pauta a otros muchos. Las «asambleas generales del clero francés» del siglo dieciséis al dieciocho no eran en realidad concilios, sino servían preferentemente para la aprobación de impuestos destinados al rey de Francia; con todo, la asamblea de 1682 adoptó los cuatro artículos galicanos.

Queda todavía por disipar un malentendido. Los concilios ecuménicos no derivan este nombre del hecho de reunir, siquiera aproximadamente, a los obispos de todo el mundo habitado; en el mismo concilio Vaticano no se cumplía esta condición (v. parte quinta). Y ni siquiera todas las provincias eclesiásticas han tenido siempre representación en los concilios ecuménicos. Ante todo, nuestro concepto de «ecuménico» no tiene que ver lo más mínimo con el moderno «movimiento ecuménico». Significa tan sólo que una parte considerable de la totalidad del episcopado estaba presente en tales concilios y que sus decisiones fueron aceptadas por la Iglesia universal o que fueron, en otras palabras, refrendadas por el papa. Esta última nota es la decisiva en el estadio actual del conocimiento teológico. Un teólogo moderno, Forget, define el concilio ecuménico o general como «la asamblea solemne de los obispos del globo terráqueo debida a la convocación y bajo la autoridad y dirección del papa, con objeto de deliberar y legislar en común sobre asuntos generales de la Iglesia». La historia de los concilios muestra la trayectoria que ha seguido la institución desde sus principios hasta llegar a su forma actual.

Primera parte

LOS OCHO CONCILIOS ECUMÉNICOS DE LA ANTIGÜEDAD

Los ocho concilios ecuménicos que, convocados primero por los emperadores romanos y luego por los emperadores bizantinos, se celebraron en territorio del Imperio de Oriente, en Nicea, Constantinopla, Éfeso y Calcedonia, se distinguen tanto de todos los siguientes, convocados por los papas y celebrados en Occidente, que se cree uno autorizado a tratarlos como una unidad histórica, aunque en parte penetran ya en la alta edad media, y aunque los cuatro primeros de ellos, los «antiguos concilios» en sentido estricto, se destacan netamente por su significado de los siguientes.

El papa san Gregorio Magno comparó a los cuatro por su autoridad con los cuatro Evangelios, por haberse formulado en ellos los dogmas fundamentales de la Iglesia: el dogma trinitario y el cristológico. Al lado de esta función capital, pasan a segundo término todos los otros asuntos que en ellos se trataron. Vamos a enumerar sólo algunos puntos para poner en claro la compenetración de los concilios con la situación histórica de la Iglesia.

La cuestión que, a partir de la Reforma, tan vivamente se ha discutido en los últimos tiempos entre el teólogo dogmático Scheeben y el historiador de la Iglesia Funk, a saber, si los emperadores al convocar los antiguos concilios contaban de antemano con la aprobación o incluso con el encargo de los obispos de Roma, en realidad parece haber quedado resuelta negativamente; esto, sin embargo, deja del todo intacto el derecho fundamental de los papas. No menos cierto es que los papas, en cuanto patriarcas de Occidente y en virtud de un especialísimo primado de categoría, tenían su propia representación, que sus legados tuvieron siempre una posición de preferencia e incluso a veces la presidencia, y que su aprobación de las decisiones era indispensable para su validez ecuménica.

Constantino el Grande había dado la libertad a la Iglesia, pero al mismo tiempo había «ligado la Iglesia al Imperio y el Imperio a la Iglesia» (Schwartz). Pero Iglesia y Estado estaban agitados por una disensión religiosa, en la que estaba comprometido el valor más alto: la persona del Fundador. La Iglesia primitiva lo veneraba como a su Señor (κύριος), colocándole al lado de Dios, por cuyo Hijo se había profesado. Confería el bautismo, conforme al encargo de Jesús, en nombre del Padre, del Hijo y del Espíritu Santo. ¿Cómo se podía conciliar la fe en el Señor y la fórmula trimembre del bautismo con el pensamiento estrictamente monoteísta, que el Cristianismo había heredado del Judaísmo?

Cuando a fines del siglo segundo el pensamiento teológico comenzó a desarrollarse vigorosamente, se aplicó inmediatamente a estos misterios. Era un pensar griego, en el que la idea del Logos y del Demiurgo — formador o arquitecto del mundo —, el más alto en toda una escala de seres intermedios entre Dios y el hombre, parecía indicar una vía aceptable para la comprensión humana, con que salir del aparente dilema. En la línea de este pensar griego varios teólogos del siglo tercero, si ya no explicaban, como Sabelio, las tres personas, Padre, Hijo y Espíritu Santo, como modos de manifestación de un solo Dios (modalismo), por lo menos daban una enseñanza «subordinaciana», es decir, subordinaban la persona del Hijo a la del Padre. El sacerdote alejandrino Arrio recogió esta concepción de su maestro Luciano de Antioquía y la acentuó: el Logos, según él, es una «criatura del Padre»;

carece del atributo de eternidad: «Hubo un tiempo en que no era.»

Arrio no era un pensador solitario. Personalidad religiosa de gran atractivo y fuerza de convicción, y a la vez bien dotado como escritor, reunió en torno a sí una comunidad de adictos. Su obispo Alejandro, en un gran sínodo (318) le excluyó de la comunión de la Iglesia por causa de su doctrina, pero su facción era ya demasiado grande. La tentativa de mediación emprendida por un hombre de confianza del emperador, el obispo Osio de Córdoba, no obtuvo resultado. La disputa levantó enorme marejada en todo el Oriente.

El «grande y santo sínodo de los 318 padres» en Nicea.

Como todavía había otras cuestiones debatidas que producían desazón en la Iglesia, entre otras la fecha de la celebración de la Pascua, convocó Constantino en Nicea de Bitinia a los obispos del Imperio, decretando que, como los altos funcionarios, podían para el viaje utilizar el correo imperial. El número de participantes que se suele citar, 318, es una reminiscencia bíblica de los 318 siervos de Abraham (Gen 14, 14). En realidad es difícil que rebasaran mucho los 220, cuyos nombres conocemos; el «padre de la Historia Eclesiástica», Eusebio de Cesarea, habla de más de 250, pero hace notar que procedían de todas las partes de la οἰκουμένη: «[el concilio] comprendía a sirios y cilicios, fenicios, árabes y palestinos; asimismo egipcios, tebeos, libios y otros llegados de Mesopotamia; hasta un persa tomó parte en el sínodo; ni faltaba en el corro el escita; Ponto y Galacia, Capadocia y Asia, Frigia y Panfilia enviaron lo mejor de los suyos. Más aún, hasta acudieron tracios y macedonios, aqueos y epirotas, y hombres que vivían aún más lejos; incluso de España estaba presente aquel hombre renombradísimo [Osio] entre los numerosos participantes en la asamblea. Aunque de la ciudad imperial [Roma] no pudo venir el Obispo [Silvestre] por su avanzada edad, acudieron de su parte sacerdotes para representarle. De Occidente sólo había cinco obispos.

El concilio actuó desde el 20 de mayo hasta el 25 de julio del año 325 en una sala del palacio imperial de verano en Nicea. El emperador asistió en persona, tuvo una alocución en latín para exhortar a la paz, pero sin mezclarse en las negociaciones «dejó la palabra a la presidencia del concilio» (Eusebio). No consta con certeza quiénes formaban la presidencia, pues faltan en absoluto protocolos de este concilio y del siguiente.

No faltaron obispos que «llevaron en su cuerpo los estigmas de nuestro señor Jesús» por haber profesado valientemente su fe en las anteriores persecuciones, como el obispo Pablo de Neocesarea, junto al Éufrates, que tenía las dos manos paralizadas, pues le habían estropeado los tendones con un hierro candente, y el egipcio Pafnucio, que había perdido un ojo en la persecución de Maximino. Arrio defendió su doctrina personalmente; el más poderoso de sus 17 secuaces era el obispo de corte, Eusebio de Nicomedia. En «largas deliberaciones, no pocas luchas y precisas ponderaciones» logró imponerse el partido ortodoxo contrario bajo la guía del obispo Marcelo de Ancyra (Ankara), del obispo Eustacio de Antioquía y del diácono alejandrino, Atanasio. Al mismo tiempo, partiendo del símbolo bautismal de la Iglesia de Cesarea, presentado por su obispo Eusebio, elaboraron el símbolo de Nicea, que con expresiones nada ambiguas excluía toda subordinación del Logos al Padre: es «de la substancia del Padre», «Dios de Dios, luz de luz, Dios verdadero del verdadero Dios, engendrado, no hecho, consustancial (ὁμοούσιος) al Padre». En un anejo se condenaron expresamente las principales tesis de Arrio. El símbolo de la fe fue aceptado por el concilio el 19 de junio del 325, a excepción de dos obispos que se negaron a suscribirlo. Éstos fueron, lo mismo que Arrio, excluidos de la comunión con la Iglesia y desterrados. El símbolo fue promulgado por el emperador como ley del Imperio.

Las ponencias menores ocuparon todavía un mes al concilio. Hubo unanimidad sobre el cómputo de la fecha de la Pascua, tal como aún hoy sigue en vigor, el domingo siguiente al primer plenilunio de primavera, y se dio al obispo de la culta ciudad de Alejandría el encargo de dar a conocer cada año la fecha de la Pascua que él debería calcular. También a esta decisión dio el emperador fuerza de ley. Al obispo rigorista Melecio de Licópolis, que no estaba conforme con el trato benigno aplicado por el obispo de Alejandría a los tímidos en la persecución de Diocleciano, le fue prohibido inmiscuirse en los derechos de aquél. En veinte breves disposiciones dio el concilio su parecer sobre cuestiones menores discutidas y sobre abusos y con ello impuso una dirección (canon = regla, norma) a la vida eclesiástica. Aquí, como en los siguientes concilios, arrojan los cánones no poca luz sobre la situación histórica de la Iglesia. Había que liquidar el período de las persecuciones: el canon 1.º dispone que los apóstatas de la persecución de Licinio podían ser readmitidos con plenos derechos tras una penitencia de doce años repartida en tres grados. Entre los muchos que se habían adherido a la Iglesia a raíz de su liberación no faltaban oportunistas y arrivistas: el canon 2.º confirma la regla ya existente, según la cual los recién bautizados no podían ser consagrados sacerdotes u obispos inmediatamente, sino sólo tras una más larga espera. Otros cánones se referían a la constitución y a la liturgia de la Iglesia: según el canon 4.º se requieren por lo menos tres obispos para conferir la consagración episcopal: se subordinan al obispo de Alejandría todos los metropolitanos de Egipto, Libia y Tebaida, con lo que aquél adquiere una posición análoga (patriarcal) a la del obispo de Roma. El canon 20 fija la práctica de permanecer de pie durante la oración los domingos y todo el tiempo pascual. El canon 17 contra la usura se reiteró innumerables veces en concilios sucesivos.

El historiador de la Iglesia griega, Sócrates, refiere que el concilio de Nicea tuvo la intención de introducir el celibato de los obispos, sacerdotes y diáconos, pero que desistió de ello cuando el obispo confesor Pafnucio puso en guardia contra la imposición de un yugo demasiado duro. Este informe no carece de probabilidad: su seguro fundamento histórico es que el concilio confirmó la práctica oriental de que los sacerdotes célibes no podían contraer matrimonio después de las órdenes, mientras los ya casados podían continuar en el matrimonio. El canon 3.º permite a los clérigos vivir con su madre, hermana y tía, o con personas que no pudieran dar lugar a sospechas.

Después de concluidas las sesiones del concilio, Constantino, que celebraba entonces el vigésimo aniversario de su imperio, invitó a los obispos a un banquete tan suntuoso que Eusebio cierra su relación con estas palabras: «Hubiérase podido creer que todo ello era un sueño y no una realidad.» Todo el esplendor del Imperio recién restaurado se volcó sobre aquel primer concilio ecuménico de una Iglesia que resurgía después de la persecución. Pero no aportó la anhelada paz; fue el punto de partida de violentas luchas religiosas que llenaron la mitad de un siglo.

Disputa en torno al Niceno.

Pocos años después del concilio, el partido medio de los simpatizantes con Arrio, que había sido derrotado en Nicea, con Eusebio de Nicomedia a la cabeza, logró ejercer influjo sobre Constantino, al que utilizó para una guerra sin cuartel contra Atanasio, elevado ya a la sede episcopal de Alejandría. Éste fue desterrado en 335 a Tréveris.

Sólo la muerte impidió a Arrio volver a ser recibido en la comunión de la Iglesia (336). Un nuevo concilio de estado celebrado en Sárdica, hoy Sofía, el año 342, no logró restablecer la unidad eclesiástica, sino acabó en un nuevo cisma: los occidentales declararon injusta la deposición de Atanasio y renovaron el Niceno; los orientales, que tenían sus sesiones aparte, le condenaron, así como al papa Julio I, cerca del cual había hallado acogida. Forjaron una fórmula que escamoteaba el «consustancial» (ὁμοούσιος). Con gran celo fraguaron nuevas fórmulas de compromiso, como la de que el Hijo era «semejante» al Padre, «en todo semejante» o «semejante al Padre en la substancia». Los adversarios del Niceno determinaron al arrianófilo emperador Constancio a convocar un nuevo concilio de estado, que tuvo sus sesiones en Rímini para Occidente y en Seleucia para Oriente (359), pero que tampoco condujo a la reconciliación. Los obispos reunidos en Rímini (alrededor de 400) renovaron el Niceno y los de Seleucia quedaron divididos. El emperador Constancio amenazó con el destierro a todos los obispos que se negaran a suscribir una fórmula ideada en Nike (de ahí *Nicenum* en vez de *Nicaenum*): el Padre y el Hijo son semejantes, conforme a la sagrada Escritura. Aunque el papa Liberio y san Hilario de Poitiers se negaron a suscribir, no le faltaba del todo la verdad a san Jerónimo cuando más tarde escribía: «Toda la tierra suspiró y notó con sorpresa que se había vuelto arriana.»

Por fin, con la muerte de Constancio (361) se produjo un cambio. Juliano el Apóstata, su sucesor, esperaba que el regreso que había ordenado de los obispos desterrados de ambos partidos tendría como resultado el propio desgarramiento y el hundimiento del Cristianismo que tanto odiaba; pero sus cálculos salieron fallidos. Tampoco el emperador Valente, de tendencias arrianas, pudo impedir la desintegración y la ruina del arrianismo y del semiarrianismo, nombre que incluye las numerosas variedades de arrianos moderados. La política pacífica del emperador Graciano (375-383), animado de sentimientos católicos, y del papa Dámaso I (366-384) se impuso incluso en Oriente, donde halló el terreno preparado por los llamados «neo-nicenos», los tres grandes capadocios Basilio, Gregorio de Nisa y Gregorio de Nacianzo, que habían despejado los equívocos que se oponían a la correcta interpretación de la fórmula nicena mediante este lema: «Una esencia, tres hipóstasis». Se comprende que los severos nicenos de antaño, lo mismo en Alejandría que en Occidente, acogieran al principio con desconfianza esta fórmula. Así, por ejemplo, en Antioquía, donde había estallado un cisma, apoyaban al viejo-niceno Paulino contra el neoniceno Melecio. El emperador Teodosio I concibió el plan de poner término a la tensión todavía existente y sellar definitivamente la paz mediante un nuevo concilio de estado, que a la vez redondearía el símbolo trinitario incorporándole la divinidad del Espíritu Santo.

En efecto, los arrianos y semiarrianos, consecuentes con su punto de vista, habían hecho del Espíritu Santo una criatura del Hijo. Ya por los años de 362/363 se les había opuesto Atanasio en dos sínodos de Alejandría. Varios sínodos romanos habían ya condenado a los «adversarios del Espíritu Santo» (pneumatómacos). Entre éstos se contaba el obispo Macedonio de Constantinopla, por lo cual a veces se les llamaba macedonianos.

Concilio ecuménico en Constantinopla (381).

El sínodo de estado convocado por el emperador Teodosio e inaugurado en mayo del 381, reunía sólo obispos de Oriente, por lo cual no alcanzó el número de participantes del Niceno. Eran éstos unos 150. El papa Dámaso no asistió ni envió representantes; los obispos de Occidente se habían reunido en Aquilea en la primavera del 381. De las deliberaciones sabemos aún menos que de las de Nicea. Tenía la presidencia el patriarca Melecio de Antioquía, patrocinado por Teodosio. Se hallaban presentes san Gregorio Nacianceno, cuya elevación a la sede de Constantinopla en lugar de Macedonio, fue confirmada por el concilio, y san Cirilo de Jerusalén, cuyas catequesis mistagógicas pasan por ser una joya de la antigua literatura cristiana.

En vano se trató de convencer de su error a los 36 macedonianos, que abandonaron la ciudad. Después de la muerte de Melecio parece haber presidido algún tiempo el concilio san Gregorio Nacianceno, que, sin embargo, tuvo que abandonar el puesto por haber fracasado en su empeño de orillar el cisma de Antioquía mediante la elevación de Paulino a la sede de Melecio: el sínodo opuso enérgica resistencia y eligió a un allegado del difunto, el sacerdote Flaviano. Cuando, tras reiteradas y apremiantes invitaciones del emperador, se presentaron en el sínodo los obispos egipcios, comenzó a soplar «en el sínodo — como dice Gregorio Nacianceno en su relación — un fuerte viento de Occidente». Gregorio, en aras de la paz, renunció a la sede episcopal de Constantinopla y pronunció su célebre discurso de despedida. Desde entonces dirigió el concilio su sucesor Nectario hasta su clausura en julio del mismo año.

El primero de los cuatro cánones auténticos renovó

la profesión de fe de Nicea y condenó sumariamente las diversas tendencias de arrianos, semiarrianos o pneumatómacos, que eran equiparados en estos pasajes, y también a los sabelianos. En el canon tercero se reconoce al obispo de Constantinopla — en vista de la posición de esta ciudad como nueva residencia imperial — un rango preferente entre los patriarcas de Oriente, aunque *después* del obispo de Roma. Los cánones 5-7, que en una recensión griega se atribuyen al concilio ecuménico de Constantinopla, no son de éste, sino de otro sínodo celebrado allí mismo el año 382. Éste envió a los obispos de Occidente los cánones del concilio celebrado el año anterior, pero no obtuvo su aprobación (por rechazarse en Roma el canon tercero), aunque sí la de la profesión de fe aceptada después de la retirada de los macedonianos.

El que generalmente se conoce como símbolo Niceno-Constantinopolitano y como profesión de fe de estos dos concilios, era en realidad la profesión de fe bautismal recomendada por el obispo Epifanio de Constancia en Chipre en su libro *Ancoratus,* y procedía probablemente de Jerusalén. En su primera parte era idéntico con el Niceno, pero contenía un aditamento que corroboraba la divinidad del Espíritu Santo: «Señor y vivificador, que procede del Padre, que con el Padre y el Hijo es igualmente adorado y glorificado, que habló por boca de los profetas.»

Una vez que el concilio de Constantinopla de 381 obtuvo la aceptación como ecuménico, vino a ser esta profesión de fe la profesión clásica de la Iglesia griega. Incluso llegó a imponerse en la Iglesia de Occidente; todavía hoy está en vigor en la liturgia romana de la misa, si bien con un pequeño retoque que ha desempeñado en la historia un papel fatal. En efecto, los griegos entendían la fórmula «que procede del Padre» como una procesión «del Padre *por* el Hijo», mientras los occidentales entendían «del Padre *y* del Hijo». El aditamento «filioque», que apareció por primera vez en España y se halla también en el símbolo rítmico falsamente atribuido a san Atanasio «Quicumque vult salvus esse» (Todo el que quiera salvarse...) motivó discordia entre la Iglesia oriental y la occidental, dado que los griegos no lo miraban como glosa explicativa, sino como falsificación del texto consagrado.

Dos escuelas: dos imágenes cristológicas.

Desde luego, parece lógico que después que el magisterio eclesiástico hubo precisado la fe trinitaria en los dos primeros concilios ecuménicos, se orientara el pensamiento teológico hacia el misterio de la persona de Cristo. Sin embargo, no se debió esto a un proceso lógico, sino más bien a un viejo conflicto entre dos escuelas teológicas, a la vez agudizado por una rivalidad de política eclesiástica.

La escuela catequética de Alejandría, que veneraba como sus cabezas a Clemente de Alejandría y a Orígenes — el mayor teólogo de la Iglesia griega —, se servía del método alegórico para la explicación de la Sagrada Escritura. Su pensar era platónico y su fuerte la especulación teológica. A ella habían pertenecido Atanasio y los tres Capadocios; su mayor teólogo a principios del siglo quinto era san Cirilo de Alejandría, patriarca de esta ciudad desde el año 412. En su empeño de presentar la unión de la divinidad y la humanidad en Jesucristo como la más íntima posible, hablaba Cirilo de «*una* naturaleza del Verbo encarnado» sensibilizándola mediante una imagen sumamente fácil de retener: la naturaleza divina penetra a la humana como el fuego a una brasa encendida o a un trozo de leña que arde. Él mismo no se hacía cargo de que tal modo de hablar podría acabar por esfumar la naturaleza humana de Cristo y dar lugar a una concepción de la unión como «confusión» (σύγκρασις) de las dos naturalezas.

En cambio, la escuela de Antioquía, por cuyo fundador se suele tener a Luciano de Antioquía (o de Samosata), se distinguía por su sobria exégesis histórico-gramatical de la Sagrada Escritura. De pensar más bien aristotélico, estaba influida por un ligero soplo de racionalismo. Su benemérita y altamente venerada cabeza en el siglo cuarto, Diodoro de Tarso († antes de 394), como concienzudo exegeta que era, tomó tan en serio el ser humano de Cristo, que corrió peligro de relajar su unión substancial con la divinidad (que él desde luego reconocía) y reducirla a una unión puramente moral. Esta tendencia aflora apenas en su gran discípulo san Juan Crisóstomo, que en 398 sucedió a Nectario en la sede de Constantinopla, algo más en el influyente exegeta Teodoro de Mopsuestia († 428), y fuertemente acentuada en su discípulo Nestorio, quien a la muerte de su maestro fue nombrado obispo de Constantinopla. La diferencia entre ambas concepciones queda de relieve en la imagen que utilizaban los antioquenos para sensibilizar la unión de las naturalezas divina y humana en Cristo: el Logos habita en el hombre Jesús como en un templo.

Cirilo, patriarca de Alejandría; Nestorio, patriarca de Constantinopla: la tensión que emanaba de las tendencias de escuela quedó reforzada por la rivalidad de ambas sedes episcopales. Constantinopla, la residencia imperial en el Bósforo, fue dejando en la sombra y postergada a la prestigiosa Alejandría, sede de la ciencia y baluarte de la ortodoxia. El Crisóstomo († 407) había tenido ya que sufrir de los celos del patriarca de Alejandría, Teófilo, hombre ambicioso y ávido de poder; a éste sucedió su sobrino Cirilo. Se deja muy fácilmente comprender que este último se constituyera en ardiente impugnador de las inquietantes teorías de Nestorio sobre la persona de Cristo.

Cirilo contra Nestorio.

Fiel a su teología de escuela antioquena, Nestorio, con su arrolladora elocuencia, polemizó en sus sermones contra la calificación de la engendradora Madre de Cristo como θεότοκος, engendradora de Dios; sólo cabía llamarla χριστότοκος, engendradora de Cristo, ya que había dado a luz al hombre Cristo, en quien Dios «habitaba como en un templo». El pueblo fiel no se resignaba a renunciar al título honorífico de Madre de Dios, que le era familiar. Cirilo, sobre todo, no lo perdió de vista. En la consueta carta pascual dirigida a los obispos de Egipto el año 429 y en una circular a sus fieles más adictos, los monjes que se contaban por miles, reprobó Cirilo la doctrina de Nestorio y solicitó del papa Celestino I (422-432) una decisión. En un sínodo reunido en Roma (430) Celestino tomó partido por la tesis de Cirilo. Éste intimó entonces a Nestorio que se retractara y le envió una lista de doce errores (los «anatematismos») que debía abjurar. El primero rezaba: «Quien no confesare que Emmanuel es en verdad Dios y que la Virgen Santísima es Madre de Dios por haber engendrado según la carne al Verbo de Dios, sea anatema.» El tercer anatematismo condenaba la expresión de «reunión» (συνάφεια) de la divinidad y la humanidad en el Verbo hecho carne, usada por los antioquenos; pero a la vez para expresar las dos naturalezas usaba el término ὑπόστασις en sentido de «substancia», lo cual no dejaba de prestarse a equívocos.

En la batalla por el título de «Madre de Dios» se concretó la vieja oposición de escuelas existentes entre Alejandría y Antioquía. El patriarca Juan de Antioquía se puso decididamente de parte de Nestorio, pero exhortándole a la vez a la paz, pues también el término «theotokos» podía tomarse en buen sentido. Nestorio se mantuvo en sus trece. El primero de los doce «contraanatematismos» que se le atribuyen y cuya autenticidad de todos modos resulta dudosa, rechazaba el θεότοκος, porque Dios sólo habitó en la naturaleza humana que asumió en el seno de la Virgen. Nestorio convenció al emperador Teodosio II para que convocara, mediante una circular dirigida a todos los metropolitanos de Oriente y Occidente (a éstos por encargo de Valentiniano III), un concilio ecuménico en Éfeso en la Pentecostés del año 431. Esta ciudad poseía una iglesia de María, que ha sido objeto de recientes investigaciones arqueológicas y que entonces constituyó la sede del concilio. Nos es posible seguir el desarrollo dramático de este concilio mejor que el de los precedentes, dado que disponemos de sus actas y de gran cantidad de cartas.

El concilio de Éfeso (431).

El más grande teólogo de la Iglesia occidental, Aurelio Agustín, fue invitado a Éfeso con un escrito personal del emperador, pero antes de que pudiera tener noticia de la invitación imperial, murió en su ciudad de Hipona sitiada por los vándalos. La personalidad dominante en el concilio de Éfeso fue Cirilo de Alejandría, que al mismo tiempo ostentaba la representación del papa. Con 16 días de retraso, inuguró el concilio el 22 de junio del año 431, aunque todavía no habían llegado los antioquenos capitaneados por su patriarca Juan. Nestorio, a pesar de hallarse en Éfeso, se negó a comparecer, no obstante una triple citación. Era tal en Éfeso la animosidad del pueblo contra él, que solicitó y obtuvo una escolta imperial para la protección de su persona.

En la sesión de apertura se dio lectura a un escrito doctrinal de Cirilo sobre la unión hipostática de las dos naturalezas en Cristo, que obtuvo la aprobación del concilio. Asimismo se leyó una colección de pasajes concernientes al caso, tomados de los escritos de los Padres de la Iglesia, que daban testimonio de la fe tradicional, y en contraste con ellos otros veinte pasajes de los escritos de Nestorio. Entonces se procedió a dictar la sentencia: «Jesucristo, contra quien ha blasfemado [Nestorio], dispone por este santo sínodo que Nestorio sea excluido de la dignidad episcopal y de toda comunión sacerdotal.» 198 obispos que se hallaban presentes suscribieron esta sentencia. En medio del júbilo del pueblo y al resplandor de las hachas fueron acompañados los obispos a sus casas.

El comisario imperial del concilio, Candidiano, había protestado contra la apertura en ausencia de los antioquenos. Su informe y el de Nestorio llegaron al emperador. El concilio también le envió el suyo. Después los obispos antioquenos, que llegaron a Éfeso el 26 ó 27 de junio, se constituyeron en anticoncilio y excluyeron de la comunión eclesiástica a Cirilo y al obispo de Éfeso, Memnón, al que, después de Cirilo, hacían responsable de los acontecimientos. También los antioquenos trataron de justificar su actitud cerca del emperador. Teodosio, sin más consideraciones, declaró nulo todo lo acordado hasta entonces. Los antioquenos triunfaron, pero su gozo fue efímero.

El concilio, que en su segunda sesión de 10 de julio en casa de Memnón, había acogido a los tres legados pontificios, dos obispos y un presbítero, en la cuarta sesión del 16 de julio declaró nula la sentencia del anticoncilio, excomulgó en la quinta sesión (17 de julio) al patriarca Juan y a sus secuaces y finalmente en la séptima y última sesión (el 31 de julio, a lo que parece), que de nuevo tuvo lugar en la iglesia de María, adoptó seis cánones dirigidos contra Nestorio y su facción. En una circular informaron a los obispos ausentes sobre lo hecho.

Los nestorianos habían logrado interceptar todas

las cartas de Cirilo y de la mayoría del concilio al emperador. Un mensajero disfrazado de mendigo pudo finalmente pasar de contrabando a la ciudad, escondida en un bastón, una carta no conservada de Cirilo a los monjes de Constantinopla hostiles a Nestorio. Éstos acudieron en tropel ante la residencia imperial, pero no consiguieron sino que Teodosio confirmara la deposición lo mismo de Nestorio que de sus adversarios Cirilo y Memnón y que hiciera encarcelar a estos últimos. Un nuevo comisario conciliar de rango más elevado fue expedido a Éfeso. Era el tesorero Juan. El fiel de la balanza comenzó a oscilar; sin embargo, la causa de los antioquenos no pareció aún en manera alguna perdida. Inculparon a Cirilo de haber seducido a los restantes obispos de la mayoría y de haber amotinado al pueblo, y defendieron su doctrina formulando una profesión de fe. El emperador designó a ocho diputados por ambas partes para que le informaran. Pero precisamente entonces se efectuó en él un cambio de postura. Al cabo de algún tiempo se negó ya a recibir a los diputados antioquenos y rompió abiertamente con Nestorio: «Que nadie me hable ya más de ese hombre.» Confinóse a Nestorio en un convento cerca de Antioquía y al fin se le desterró al Alto Egipto.

Los miembros del concilio, entre ellos Cirilo, pudieron regresar a sus casas. El 30 de octubre de 431 entraba Cirilo en Alejandría. El papa Sixto III (432-440) hizo colocar en memoria del concilio en el arco de triunfo de la basílica de Santa María la Mayor, que acababa de construir, los mosaicos de la Virgen María que todavía se conservan.

Un «sínodo de ladrones».

En Éfeso se había condenado a Nestorio, pero no a toda la escuela antioquena ni al patriarca Juan de

Antioquía con sus adherentes en cuanto no seguían aferrados a la persona de Nestorio. Hubo nestorianos que se mantuvieron en las escuelas de Edesa y Nísibe y en 498 fundaron en Seleucia-Ctesifonte un patriarcado propio, que en siglos ulteriores extendió sus misiones hasta China y la India.

A los antioquenos moderados facilitó Cirilo la reconciliación, aceptando en 453 una profesión de fe conciliante redactada por ellos, que contenía el término θεότοκος. Pero el germen del error, contenido también en la imagen alejandrina de Cristo, volvió a dar lugar a una nueva herejía cristológica, por lo que fue necesario un nuevo concilio.

Eutiques, archimandrita, o sea abad, de un monasterio en Constantinopla y adversario acérrimo de los nestorianos, sostuvo la opinión de que *después* de la unión de las naturalezas divina y humana en Jesucristo, ésta fue absorbida por la primera, de modo que ya no se podía hablar más que de *una* naturaleza, a saber, la divina. El monofisismo, como por esta razón se llamó a la herejía, restringía el ser humano del Señor, que es el requisito para la redención. Un sínodo tenido en Constantinopla en 448 bajo el patriarca Flaviano condenó a Eutiques, quien, como se puede comprender, encontró apoyo en el patriarca de Alejandría, Dióscuro, sucesor de Cirilo; el cual, si era como éste celoso de la cristología alejandrina, difería de él en su desaprensiva ambición y en una falta brutal de consideraciones. Estimulado por Dióscuro convocó el emperador Teodosio II un nuevo concilio de estado en Éfeso, donde bajo la fuerte presión de la milicia imperial y de los monjes de Eutiques convocados al efecto, quedó rehabilitado el heresiarca. El papa León I, a cuyo legado se negó la presidencia y cuyo escrito explicatorio no fue permitido leer, creó la denominación de «latrocinio», «sínodo de ladrones», con que fue designado el concilio. De todas partes se levantaron protestas contra sus decisiones. Ya el 13 de octubre de 449 León I, en su nombre y en el de los obispos de Occidente, pidió al emperador que convocara un nuevo concilio en Italia. Dos veces renovó su ruego, pero en vano. Por fin, el sucesor de Teodosio II, Marciano, condescendió y convocó el 17 de mayo un nuevo concilio, pero no en Italia, sino en Nicea, aunque todavía antes de la apertura lo trasladó a Calcedonia en el Bósforo, que tenía la ventaja de hallarse cerca de la capital. El cuarto concilio ecuménico de Calcedonia, aunque una vez más convocado por el emperador, fue mérito de León I, al que la historia ha dado el sobrenombre de Magno. Gracias a la abundancia de las fuentes (protocolos de oficio, listas de los obispos presentes, cartas) estamos mejor informados sobre el curso de este concilio que sobre todos los demás de la antigüedad.

La fe de Calcedonia.

El concilio de Calcedonia sobrepujó en número de participantes — generalmente se dice 600, aunque ciertamente eran muchos menos — a todos los concilios precedentes y a la mayor parte de los subsiguientes hasta el concilio Vaticano. Occidente, por lo que se refiere al número, tenía escasa representación: cinco legados pontificios (tres obispos y dos presbíteros), que, conforme a la exigencia formulada por el papa, tuvieron la presidencia (el aspecto administrativo estaba confiado a seis comisarios imperiales), y dos africanos que habían huido de los vándalos. Desde la primera sesión, que tuvo lugar el 8 de octubre de 451 en la iglesia de santa Eufemia, el organizador del latrocinio de Éfeso, Dióscuro, tuvo que ocupar el banco de los acusados. Se desenmascararon sus métodos de violencia y el 13 de octubre, en la tercera sesión, se procedió a su deposición. Con sus secuaces se usó más benignidad. En la segunda sesión intermedia se leyó la profesión de fe de Nicea y una «carta dogmática» de san León Magno sobre las dos naturalezas de Jesucristo. «Ésta es la fe de los padres», exclamaron los obispos; «ésta es la fe de los apóstoles. Así creemos. Por León ha hablado Pedro.»

Todavía quedaba por despejar algunos escrúpulos contra la formulación de la doctrina de las dos naturalezas, que habían surgido entre los obispos de Palestina y de Iliria. Los representantes del papa se oponían a la redacción de una nueva fórmula, ya que la cosa había quedado ya en claro. Sin embargo, en la quinta sesión del 22 de octubre, en presencia de la pareja imperial, fue aprobada y suscrita por todos los obispos una fórmula de fe preparada por 25 obispos y en íntima conexión con la carta dogmática del papa: «Todos nosotros profesamos a uno e idéntico Hijo, nuestro Señor Jesucristo, completo en cuanto a la divinidad, y completo en cuanto a la humanidad..., *en* [no *de*] dos naturalezas, inconfusas e intransmutadas [contra los monofisitas], inseparadas e indivisas [contra los nestorianos], aunadas ambas en una persona y en una hipóstasis.»

La sexta sesión, en la que Marciano y su enérgica esposa Pulqueria tuvieron la presidencia de honor, fue sin duda alguna el punto culminante del concilio. Los padres lo dieron por clausurado, pero el emperador manifestó su deseo de ver resueltos algunos asuntos tocantes a la disciplina y a las personas, como la plena rehabilitación de Teodoreto de Ciro y de Ibas de Edesa, dos pilares de la escuela antioquena. El último de los 28 cánones propuestos en la sesión 16 del 31 de octubre suscitó la oposición de los legados pontificios, que en la sesión de clausura del 1.º de noviembre presentaron contra él una protesta formal. El canon decía que la sede de la nueva Roma [Constantinopla] debía gozar de las mismas prerrogativas que la antigua Roma y ocupar el segundo lugar después de ella. León Magno se opuso, a pesar de las instancias del emperador y del Concilio. En efecto, esto estaba en contradicción con la doctrina del primado del papa, que precisamente san León había comprendido con gran claridad y defendido con no menos resolución.

El canon 6.º del concilio prohibía las llamadas ordenaciones absolutas de eclesiásticos, es decir, no destinadas a la cura de una comunidad determinada. Los cánones 3.º, 4.º y 20 sometían a los monjes a la jurisdicción de los obispos. A estos cánones hubieron de referirse más de una vez los conatos tridentinos de reforma.

Retoños del monofisismo.

Calcedonia siguió la vía media entre las falsas ideas cristológicas de los nestorianos y de los monofisitas. Era al mismo tiempo una síntesis entre Oriente y Occidente, entre el Pontificado y el Imperio, y era «el resultado de una lucha tenaz de fuerzas en colisión: política estatal del emperador, rivalidades de patriarcas, intereses nacionales particulares, entusiasmo monacal» (Grillmeier). Con todo, el modo de pensar monofisita había echado en Egipto y en los países colindantes raíces demasiado profundas para que pudiera desarraigarlo la fe de Calcedonia. Por otra parte, se aliaba con el separatismo de las provincias más alejadas del centro del imperio. En Alejandría se llegó a revueltas sangrientas, se nombró patriarca a un monofisita y muchas sedes episcopales fueron provistas con monofisitas. Durante más de un siglo los emperadores bizantinos se esforzaron desesperadamente por dominar la resistencia latente o manifiesta. Idearon una confusa fórmula de unión, el «Henotikón» (482), y hasta llegaron a tolerar un cisma con Roma, el llamado cisma Acaciano (484-519). El emperador Justiniano (527-565), el restaurador del imperio, cuya esposa Teodora simpatizaba ocultamente con los monofisitas, elevó a la sede de Roma a Vigilio, anteriormente legado pontificio en Constantinopla y que, condescendiente al parecer, daba esperanzas de eliminar la resistencia de Occidente al acercamiento de los monofisitas. Pero también Vigilio se declaró en definitiva por la fe de Calcedonia.

Entonces un consejero del emperador tuvo la idea de resolver indirectamente el conflicto, es decir, descargar un golpe contra los primates de la escuela de Antioquía y así mostrarse complaciente y hasta quizás aplacar a los monofisitas. Mediante un edicto imperial condenó Justiniano: 1.º la persona y los escritos de Teodoro de Mopsuestia. 2.º, los escritos de Teodoreto de Ciro († hacia el 460) contra Cirilo de Alejandría y el concilio de Éfeso. 3.º, una carta de Ibas de Edesa que defendía a Teodoro contra Cirilo. Éstos eran los «tres capítulos» contra los que debía manifestarse el concilio de Constantinopla convocado por Justiniano de acuerdo con el papa, a principios del año 553.

Vigilio tuvo que sufrir grave presión. El emperador le hizo traer a Constantinopla desde Italia, que tras la ruina del reino ostrogodo pertenecía al imperio de Oriente, y le trató como prisionero. Vigilio huyó a Calcedonia y desde su asilo, la iglesia del concilio anterior, celebrado allí, retiró al emperador su palabra de tomar parte personalmente en el concilio, pues temía el influjo de la mayoría griega. Sin su presencia, más aún, a pesar de su protesta, inauguró el patriarca Eutiquio el concilio — el segundo de Constantinopla — el 5 de mayo en la sacristía de la iglesia episcopal, en presencia de 150 obispos. 164 obispos suscribieron la octava sesión, de clausura, el 2 de junio de 553. En sus sesiones 5.ª y 6.ª (19 y 26 de mayo respectivamente) condenó el concilio los «tres capítulos», si bien Vigilio, en una declaración del 14 de mayo firmada por dieciséis obispos en su mayor parte occidentales agrupados en torno a él, se había desentendido de la condena de la persona de Teodoro, así como de los otros dos «capítulos». Sólo posteriormente, el 8 de diciembre de 553 y de nuevo, con una extensa explicación, el 23 de febrero de 554, accedió Vigilio a la condenación de los «tres capítulos», preparando así el terreno para la aceptación ecuménica del concilio. Había llegado a la convicción de que con ello no se perjudicaba a la fe de Calcedonia. Las provincias eclesiásticas de Milán y de Aquilea se resistieron largo tiempo a reconocer el concilio. Por fin, el año 607 volvió a la comunión con la iglesia de Roma el metropolitano de Aquilea, que en el ínterin había adoptado el título de patriarca.

Algo más tarde el patriarca de Constantinopla, Sergio (610-638), emprendió nuevos tanteos para reconciliar a los monofisitas con la Iglesia estatal. Partiendo de la unidad moral de la actividad divino-humana de Jesucristo, admitía en Él una *única* energía natural divino-humana y una *única* voluntad divino-humana (monotelismo). Un grupo moderado de monofisitas, los severianos (de Severo de Antioquía) se dejó ganar para la causa, mientras los partidarios del concilio de Calcedonia, principalmente el monje Sofronio, que en 634 fue elevado a la sede patriarcal de Jerusalén, se opusieron decididamente a la sospechosa fórmula de compromiso. Sergio tuvo la habilidad de arrancar al papa Honorio I (625-638), poco versado en aquella cuestión sutil, un consentimiento en términos generales, a raíz del cual quedó prescrito el monotelismo mediante un decreto de estado «ekthesis» del año 638. Sin embargo, el papa Martín I (649-655), en un sínodo Lateranense del año 649 se manifestó *contra* tal doctrina y en *favor* de las «dos voluntades naturales y dos modos de obrar» en Jesucristo; por lo cual fue declarado reo de alta traición y desterrado en Crimea, donde murió víctima de los malos tratos recibidos.

Corrían ya los tiempos del emperador Constantino III (668-685) cuando el imperio bizantino, agobiado al norte y al este por ávaros y árabes, volvió a virar sin ambigüedades en la dirección de Calcedonia. De acuerdo con el papa Agatón (678-681) convocó el emperador un concilio de estado en Constantinopla. Ocho emisarios papales llevaron un escrito sinodal del sínodo patriarcal romano, en el que se exponía la doctrina ortodoxa.

El sexto concilio ecuménico, tercero de Constantinopla, estuvo reunido desde el 7 de noviembre de 680 hasta el 16 de septiembre de 681 en la sala de la cúpula del palacio imperial (θρύλλος, de ahí trulano) bajo la presidencia de los legados pontificios. Si bien los baluartes del monofisismo, los patriarcados de Alejandría y de Jerusalén, habían entre tanto caído en manos de los árabes y apenas se hallaron representados, ascendió a 174 el número de los participantes. El emperador Constantino III tomó parte personalmente en las once primeras sesiones. Después de un profundo estudio de la cuestión, y después de desvirtuar los pretendidos argumentos del portavoz de los monotelitas, Macario de Antioquía, el 28 de marzo de 681, en la sesión 13, se condenó a los autores y fautores del monotelismo. En la sesión 16, de clausura, una vez más en presencia del emperador, se adoptó la correspondiente profesión de fe, que calificaba de conforme con los cinco concilios precedentes la doctrina de las dos voluntades naturales y las dos energías en Jesucristo.

La cuestión de Honorio.

Entre los fautores del monotelismo condenados en el 6.º concilio ecuménico, se hallaba también el papa

Honorio. La «cuestión de Honorio», que tanta polvareda había de levantar en el concilio Vaticano, se resume así: ¿Se condenó a Honorio por haber sido partidario de la herejía, hereje en una palabra, o por su despreocupación y negligencia en esta cuestión de fe? La respuesta la dio el papa León II (682-683), que si bien confirmó las decisiones del concilio, restringió el juicio de éste sobre su predecesor Honorio, culpándole únicamente de negligencia en reprimir el error.

Los concilios ecuménicos quinto y sexto no habían dictado cánones disciplinares. Tal laguna fue colmada el año 692 por un concilio reunido nuevamente en Constantinopla. En él se redactaron 102 cánones que se referían casi exclusivamente a las condiciones de la Iglesia en Oriente, dejando de lado las reclamaciones y usos de Occidente, como el primado de Roma y las prácticas del ayuno. El papa Sergio (687-701) no los reconoció, a pesar de que él mismo, sirio de nacimiento, procedía de Oriente. La Iglesia griega cuenta este concilio entre los ecuménicos.

Alborada de un mundo nuevo.

Mientras la Iglesia Oriental a partir del concilio de Calcedonia consumía sus mejores fuerzas en una lucha por distinciones sutiles de cristología, el mundo había cambiado. En el ámbito del imperio de Occidente y como efecto de la invasión de los bárbaros, razas germanas habían fundado nuevos estados, de corta duración los unos, como los de los vándalos y ostrogodos, otros más duraderos, los de los visigodos y longobardos, el gran reino de los francos, en fin, cargado de porvenir. En el este, los árabes se habían lanzado a su aventura y en una irresistible marcha triunfal habían conquistado no sólo Egipto, Siria y Persia, sino también el norte de África, forjando el cinturón islámico, que durante ocho siglos tuvo al Occidente cristiano apretado y sin contacto con el resto del mundo. La entrada de los árabes y de los germanos en la historia universal hubo de dejar huellas en la organización y en la estructura de los concilios.

En las iglesias nacionales de los reinos franco y visigodo, que en un principio todavía llevaban el sello de Roma, prosiguieron los obispos su actividad sinodal. Sin embargo, fueron aparecienedo nuevos tipos: los concilios territoriales convocados por los reyes merovingios, como el de Orleans el año 511; luego, en el período carolingio, los sínodos de estado que, ligados a veces con las asambleas de los magnates, no se confundían, sin embargo, plenamente con ellos, como se echa de ver en el concilio Germánico, celebrado el año 743 por iniciativa de san Bonifacio y cuyas decisiones fueron publicadas como «ordenanza soberana» (capitulares).

Análogo fue el proceso en el reino visigodo. Desde la conversión de los reyes visigodos del arrianismo al catolicismo (tercer concilio de Toledo, 589), fueron los sínodos de Toledo — en total 18 hasta el año 702 — igualmente sínodos de estado. En España y en Francia las dos esferas, la eclesiástica y la estatal, se penetraban mutuamente, aunque de otra manera que en el imperio bizantino. Los concilios territoriales o nacionales de visigodos y francos son una fiel expresión de este estado de cosas. Por ellos se comprende cómo en aquella época no tuvieron lugar en Occidente concilios ecuménicos. Roma, la única autoridad eclesiástica competente para ello, estaba dentro de la esfera del imperio de Oriente y no gozaba todavía de influjo suficiente en las iglesias nacionales germánicas, excepto en la anglosajona, que ella misma había fundado.

Iconoclastas y culto de las imágenes: el Niceno de 787.

La invasión árabe no sólo arrancó amplias provincias al imperio bizantino, sino que a fines del siglo séptimo avanzó hasta las puertas mismas de la capital. Sólo la habilidad estratégica de León III el Isáurico salvó a Constantinopla de caer en manos de los árabes (717-718). Pero el mismo emperador, instigado por sectores eclesiásticos hostiles a las imágenes, y quizá también movido por precedentes judíos e islámicos, prohibió en 730, mediante edicto imperial, el culto de las imágenes (εἰκόνες). Se trató de apoyar la prohibición parte con el Antiguo Testamento («No te fabricarás imágenes talladas»), y parte también, en cuanto se trataba de imágenes de Jesucristo, con la imposibilidad de captar en una imagen la naturaleza divina de Jesucristo: representar puramente la naturaleza humana hubiera sido nestorianismo. Muchas obras magníficas de arte fueron destruidas sin consideración; los defensores de las imágenes, como el patriarca Germano de Constantinopla, fueron depuestos y perseguidos duramente. En vano el papa Gregorio III en un concilio Romano (731) protestó contra el iconoclasmo. Un sínodo tenido en Hiereia en el Bósforo apoyó a éste con argumentos teológicos y le dio el visto bueno (754). «Ellos solos elevaron por su cuenta», así caracteriza sus decisiones el cronista bizantino Teófanes, «a dogmas sus propias opiniones, sin que se hallara presente uno solo de las sedes episcopales católicas, a saber, de Roma, Alejandría, Antioquía y Jerusalén». El emperador Constantino V (741-775) se deshizo contra los partidarios del culto de las imágenes aún con más furor que sus predecesores; sólo en agosto del 766 fueron ejecutados 16 altos funcionarios y oficiales.

La oposición del pueblo y sobre todo de los monjes contra el iconoclasmo eclesiástico estatal que no se había llegado a calmar, estalló por primera vez cuando la enérgica emperatriz Irene asumió la regencia en lugar de su hijo menor de edad (780). Su primera tentativa de liquidar el iconoclasmo mediante un sínodo no dio resultado: la guardia, hostil a las imágenes, irrumpió con las espadas desenvainadas en la iglesia de los Apóstoles y disolvió la asamblea (31 de julio de 786). Pero Irene no se dio por vencida. Apoyada por el patriarca Tarasio, partidario del culto de las imágenes, elevado por ella a la sede, organizó en el otoño de 787 el séptimo concilio ecuménico, en Nicea, que en ocho sesiones, del 24 de septiembre al 23 de octubre, anuló las decisiones de los iconoclastas, refutó los argumentos de la Sagrada Escritura y de la tradición alegados por ellos contra el culto de las imágenes y definió como dogma de fe: que es lícito representar en imágenes a Cristo, a la Virgen santísima, a los ángeles y a los santos, pues su vista estimula a recordar y a imitar a los modelos representados. El culto que se da a las imágenes (προσκύνησις) va dirigido al modelo, al prototipo representado por ellas, y se debe distinguir de la adoración (λατρεία) que sólo es debida a Dios. Se usó benignidad con los obispos iconoclastas de antaño, con tal que mostraran arrepentimiento. La octava sesión, en la que tomaron parte Irene y su hijo, tuvo lugar en el palacio de Magnaura; más de 300 obispos, con los dos legados pontificios a la cabeza, estamparon sus firmas. El cronista Teófano resume así los hechos: «Nada nuevo se enseñó; únicamente se mantuvieron inconcusas las enseñanzas de los santos y beatos padres y se rechazó la nueva herejía... Por fin hubo paz en la Iglesia de Dios, si bien el enemigo, valiéndose de sus cómplices, no cesa de esparcir cizaña. Pero la Iglesia de Dios, aunque combatida, sale siempre triunfante.» En realidad, el iconoclasmo volvió a levantar cabeza en el siglo nono, pero para quedar definitivamente aplastado.

Epílogo en Occidente.

En Occidente se había repudiado constantemente el iconoclasmo. No sólo no se desechaba el culto de las imágenes, sino que se las estimaba sobre todo por su valor didáctico. «Son los libros de los profanos», es decir, de los analfabetos, había dicho san Gregorio Magno. Ciclos enteros de escenas bíblicas se reproducían en las paredes de las iglesias; así, por ejemplo, los milagros de Cristo en la iglesia de Oberzell (Reichenau). A esto se añade que las actas del concilio de Nicea llegaron a Occidente en una traducción latina muy poco fiel. La distinción del concilio entre veneración y adoración quedaba esfumada. Carlomagno, que no se creía menos protector de la fe ortodoxa que el emperador de Bizancio, hizo combatir el supuesto error de los bizantinos en un escrito teológico polémico, los *Libri Carolini,* que disputaban al concilio de Nicea el carácter de ecumenicidad. Carlos pensó oponerle en Francfort, el año 794, un concilio general de Occidente, al que asistieron no sólo obispos de todas las provincias eclesiásticas del reino franco, más dos representantes del papa, sino también algunos obispos de Inglaterra. Presidió el mismo Carlomagno, que tuvo la primera y la última palabra, interviniendo activamente en las discusiones teológicas. Las decisiones del concilio de Nicea de 787 fueron rechazadas como no ecuménicas, pero sin éxito positivo. En efecto, el papa Adriano I (772-795) no revocó el reconocimiento del Niceno; particularmente se negó a excomulgar al emperador bizantino, como lo reclamaba Carlomagno.

Todos estos incidentes, así como la coronación de Carlomagno por León III en Navidad del año 800, ponen de manifiesto hasta qué punto se habían distanciado ya el Oriente y el Occidente. El papado, oprimido por los longobardos, ante el abandono por parte de la

Roma oriental, a la que aún pertenecía por derecho, se había aliado con Pipino el Breve, fundador de la dinastía carolingia, en tiempos de Esteban II, poniéndose bajo su protección, y había recibido la célebre concesión territorial, de la que nacieron los Estados Pontificios. Adriano I fue el primer papa que no fechó ya sus documentos por los años de gobierno del emperador de Oriente y acuñó moneda propia. En Bizancio se consideró como apostasía y traición el viraje del papado hacia los francos. Era a la vez menos y más que esto. Bizancio, que se consideraba como el exponente de la cultura grecorromana y al mismo tiempo de la ortodoxia, y el naciente Occidente cristiano, que en el papado de Roma y en el imperio carolingio veía sus poderes ordenadores, habían seguido caminos divergentes. El cisma entre las iglesias griega y latina, que precedió al octavo concilio Ecuménico, no se debió únicamente al choque entre un papa fuertemente animado por la conciencia de su primado y un patriarca culto, pero ambicioso. Sus verdaderas raíces eran mucho más profundas.

El cisma de Focio y su supresión por el octavo concilio ecuménico.

El papa Nicolás I (858-867) se había negado a reconocer al patriarca Focio de Constantinopla, que había logrado la sede por la abdicación forzada de su predecesor Ignacio. Como Focio mantuviera su pretensión y no se mostrara dispuesto a renunciar a la jurisdicción de Italia meridional y de Dalmacia, el papa le condenó en un sínodo romano de 863. El papa envió legados a Bulgaria. Focio, temiendo por sus derechos en aquella región, se defendió en una circular a los demás patriarcas de Oriente, en la que formulaba graves acusaciones contra el papa y la Iglesia de Occidente: falsificación de la fe ortodoxa mediante la inserción del *filioque* en el símbolo, la doctrina del purgatorio, etc. En un sínodo tenido en Constantinopla (867) anatematizó Focio a Nicolás. Era ya el cisma.

Pocas semanas después se vio Focio privado de su dignidad por un cambio de dinastía (asesinato de Miguel III y elevación al trono de Basilio I Macedonio), e Ignacio volvió a ocupar la sede patriarcal. Al cabo de poco, el 13 de noviembre de 867, murió también Nicolás I, al que el cronista Regino de Prüm llamaba «un segundo Elías en el espíritu y en la energía». El cambio de personajes transformó también la escena.

Basilio solicitó la colaboración del nuevo papa Adriano II (867-872) para la supresión del cisma y la nueva reglamentación eclesiástica mediante un concilio ecuménico. El papa comenzó por confirmar en un sínodo tenido en San Pedro de Roma el 869, lo decretado por su predecesor, y designó tres legados que habrían de presidir el concilio convocado por el emperador en Constantinopla y además exigirían de todos los participantes la firma de un formulario que contenía al sumisión al primado del papa.

El octavo concilio ecuménico, cuarto de Constantinopla, tuvo diez sesiones en la iglesia de Santa Sofía, el 5 de octubre de 869 al 28 de febrero de 870. Al principio fue poco concurrido, pero finalmente estuvieron presentes 102 obispos. Los patriarcas de Antioquía y de Jerusalén habían enviado representantes, y desde la sesión nona se halló también presente un delegado del patriarca de Alejandría. El objeto principal de las negociaciones fue el proceso contra Focio y sus secuaces. En las sesiones quinta y séptima compareció Focio en persona, pero se negó a reconocer su culpabilidad e impugnó la competencia judicial de los legados pontificios. Dura fue la sentencia que contra él se falló: «Al cortesano e intruso, anatema.» Análoga suerte tocó a la mayor parte de sus partidarios.

Los 27 cánones promulgados en la sesión de clausura tenían como objetivo principal impedir que se repitieran los incidentes en torno a Focio; al mismo tiempo volvieron a corroborar la legitimidad de las imágenes y su culto (can. 3). El canon 21 establece el orden de precedencia de los cinco patriarcas: el papa de la vieja Roma, los patriarcas de Constantinopla, Alejandría, Antioquía y Jerusalén. Una concesión de Adriano II fue el reconocimiento de la preeminencia de Constantinopla frente a Alejandría, que hasta entonces se había denegado.

La Iglesia católica reconoce la ecumenicidad del concilio de 869/870. No así la griega. Focio fue rehabilitado y repuesto en su sede a la muerte de Ignacio. Las decisiones del concilio precedente fueron repudiadas en un sínodo que reunió Focio por los años de 879/880. En la Iglesia griega este último cuenta como el octavo concilio ecuménico. Sin embargo, parece que se pudo evitar un nuevo cisma. El papado, gravemente acosado por las incursiones de los sarracenos en Italia, sin el amparo del reino carolingio que se desmoronaba, convertido cada vez más en juguete de los partidos de la nobleza romana, encaminábase hacia su período más obscuro, del que sólo pudo salir gracias al movimiento de reforma inaugurado en Cluny.

Los emperadores macedonios, con la restauración política y cultural del imperio bizantino, inocularon nueva savia a la Iglesia griega. Ésta logró robustecer su influjo en los Balcanes y en Italia meridional, pero su mayor triunfo fue la anexión de Rusia. Una disputa de jurisdicción relativamente insignificante en Italia meridional bajo el patriarca Miguel Cerulario desencadenó definitivamente el cisma: el 16 de julio de 1054 los legados pontificios Humberto, Federico de Lorena y Pedro de Amalfi depositaron en el altar de Santa Sofía la bula de excomunión con las palabras: «Véalo Dios y juzgue.»

Segunda parte

LOS CONCILIOS GENERALES PAPALES DE LA ALTA EDAD MEDIA

Si se exceptúa la tentativa de Carlomagno de oponer al concilio de Nicea de 787 un anticoncilio, un sínodo de estado occidental, no trató la temprana edad media de reunir ningún concilio general. Ni siquiera tuvo esta pretensión el verdaderamente célebre sínodo de Sutri, en el que el rey Enrique III, el año 1046, descartando a los tres papas rivales, acabó por desenredar la maraña política de Roma en que había caído el papado. Los concilios generales de la edad media — como ellos mismos se denominan — nacieron de los sínodos reunidos por los papas del período de la reforma, ya sea en Roma, ya fuera de ella, al principio con un número limitado de participantes, aunque no restringido, a Italia; sínodos que se ocuparon de cuestiones eclesiásticas de índole general. Su alcance y autoridad ecuménicos depende del progreso del papado en aquella época reformadora y de su prestigio universal, que logró imponerse tras dura lucha. Son concilios papales en todo el rigor de la palabra.

Sínodo papal de reforma y concilio de paz en la época de la guerra de las investiduras.

Desde las Decretales pseudo-isidorianas (compilación formada en el siglo noveno con cartas de papas en su mayoría apócrifas y con cánones conciliares, la mayor parte de ellos auténticos, y que fue aceptada de buena fe por el papa Nicolás I), se reconocía en

Roma como principio jurídico que todos los sínodos mayores, que abarcaran a varias provincias eclesiásticas (sínodos generales, aunque no en el sentido de hoy), sólo podían celebrarse con aprobación del papa. Este mismo sentido tiene el artículo 16 del célebre *Dictatus Papae* de Gregorio VII: «Ningún sínodo se puede llamar general sin su decisión (del papa).» Siendo así que los papas del período de reforma promovían personalmente, y no por medio de sus legados, sínodos con amplia participación de diversas provincias eclesiásticas e incluso países enteros, sínodos en que se trataban cuestiones de la Iglesia y de la cristiandad, cuestiones de fe, de la tregua de Dios, planes de cruzadas o la cuestión candente de la época, o sea la libertad de la Iglesia, no pudo menos de ir creciendo la autoridad de estas asambleas si los comparamos con los corrientes concilios provinciales o nacionales anteriores. Ya los sínodos de reforma de Pavía y Reims (1049) promovidos por León IX (1049-1054), el papa «alemán», oriundo de Lorena, rebasaron los límites de las asambleas provinciales. Al concilio romano de 1050 invitó León IX, entre otros, también a obispos ingleses. Al mismo tiempo el obispo de Lieja, Deoduino, se opuso al plan del rey de Francia de condenar la herejía de Berengario de Tours en un concilio nacional francés. El papa Nicolás II (1059-1061), en el sínodo romano de 1059, en el que tomaron parte 113 obispos, emanó el célebre decreto de la elección pontifical, que reservaba a los cardenales la elección del papa. Los sínodos de Gregorio VII (1073-1085) tenían por mira el gran objetivo de reforma que se había propuesto este papa: la lucha contra la simonía y la investidura de los seglares y en pro del celibato eclesiástico. Estos sínodos no pretendían tener vigor sólo en un sector limitado, sino en toda la Cristiandad católica, a la que Gregorio trató de dar una unidad mucho más consistente que todos sus predecesores (Tangl). Al concilio de la cuaresma de 1075 invitó a obispos del norte de Italia y de Francia; obispos alemanes sospechosos de simonía hubieron de comparecer para sincerarse. A los tiempos de Gregorio VII remonta, en cuanto se puede demostrar, la primera invitación de abades a tales asambleas. Este papa procuró también que los príncipes enviaran diputados a los concilios, con el fin de que los poderes seculares tomaran parte en la deliberación sobre cuestiones marginales que les concernían. Ambos estados del mundo medieval, el eclesiástico y el secular, debían estar representados en los sínodos bajo la alta dirección del Papa.

En los escritos polémicos acerca de la lucha por las investiduras se trata profusamente del papel que ejercieron los concilios en la constitución eclesiástica. Según el gregoriano Bernoldo de Constanza, el juicio de Gregorio VII sobre Enrique IV es «el juicio de la Iglesia en general» por haber sido dictado no por el papa sólo (privatim), sino en cuanto tenía la presidencia de un concilio general (generali synodo praesidens); semejante concilio romano, sin ser ecuménico, es, sin embargo, «un concilio universalísimo» (generalissima synodus). Por el contrario, Pedro Crassus, partidario de Enrique IV, insiste en la convocación de los concilios generales por el emperador. El autor del libro *De Unitate Eclesiae* es de parecer que esta unidad radica no en el poder del papa sobre la Iglesia universal, sino en la unidad del episcopado, como se podía leer ya en san Cipriano.

Por esta oposición de pareceres se explica el que no se llevara a cabo un concilio, tantas veces proyectado, para poner fin a la lucha de las investiduras y al cisma a que ésta dio origen. El papa hubiera tenido que someterse a una decisión arbitral del concilio, a lo cual, como se comprende fácilmente, no accedió nunca Gregorio VII. Murió en el destierro, asesinado, según parece; pero ya bajo su segundo sucesor, el francés Urbano II (1088-1099), constituyeron los concilios papales un verdadero triunfo del papado. En Piacenza (1095), según se dice ante 200 obispos de Italia, Francia y Alemania, y de millares de clérigos y seglares, hizo el papa Urbano II un llamamiento para liberar de los infieles a la Iglesia oriental. El mismo año de la arrebatadora exhortación del papa en Clermont ante 92 obispos y 90 abades dio la señal para la primera cruzada. El pontificado, llevado por una ola de religioso entusiasmo, consolidó su posición eclesiástica y política en la lucha todavía pendiente por la libertad de la Iglesia y contra la supremacía de los poderes seculares.

Por otra parte, no hay que olvidar que al tomar cuerpo la idea conciliar en la lucha por las investiduras, no sólo sacó provecho de ello la autoridad pontificia, sino que también los obispos adquirieron mayor seguridad de sí mismos, pues de su cooperación en los concilios hubieron de depender las más graves decisiones de la Iglesia. Según la doctrina de san Ivo de Chartres († 1117), el papa y el concilio conjuntamente garantizan el fiel mantenimiento de los usos eclesiásticos. Esta idea del derecho de intervención de los obispos se hizo manifiesta cuando Pascual II (1099-1118) el año 1111, por exacción de Enrique V, se dejó arrebatar el acuerdo de Ponte Mammolo, que otorgaba al rey la investidura de anillo y báculo de los obispos antes de la consagración episcopal: precisamente la concesión que con tanta resolución había denegado Gregorio VII. La resistencia de los obispos, principalmente en Francia, fue tan violenta que en el sínodo Lateranense de 1112 se vio el papa obligado a revocar el privilegio — que los adversarios llamaban *pravilegio*, o privilegio vergonzoso — otorgado al rey, y a optar de nuevo expresamente por los principios de sus predecesores Gregorio VII y Urbano II. El sínodo Lateranense de 1116, en el que estaban presentes no sólo obispos y abades, sino también duques y condes de las más variadas regiones, entre otras de España, excomulgó al rey, si bien el papa, conforme a una promesa dada, se negó a publicar como suya la excomunión. Al fallarse la sentencia, uno de los participantes contó 427 cirios en las manos de los obispos y abades presentes.

Como se ve, lo mismo el número de participantes que las tareas de los concilios papales se habían ampliado constantemente desde que el movimiento de reforma se hubo extendido al pontificado. Se invitaba a obispos, abades, representantes del clero catedral de Italia, Alemania y Francia, y hasta de España e Inglaterra. No faltaban representantes de los poderes seculares. Se deliberaba y se decidía sobre las grandes cuestiones de la reforma de la Iglesia, sobre la elección pontifical, la investidura de los obispos, el plan de cruzada, la tregua de Dios.

Los dos primeros concilios generales de Letrán.

El papa Calixto II (1119-1124) liquidó la lucha por las investiduras mediante el concordato de Worms de 1122 con el soberano alemán. El rey renunciaba a la investidura de anillo y báculo, pero se garantizaban los intereses del reino. No tiene en sí nada de extraño ni debe en manera alguna considerarse como pura formalidad el que el año siguiente hiciera confirmar este acuerdo por un concilio de Letrán. El primer concilio de Letrán que ha obtenido reconocimiento como ecuménico — 11.º concilio ecuménico — se celebró, a lo que parece, del 18 de marzo al 6 de abril de 1123 en la basílica de Letrán, la iglesia episcopal del papa. El palacio contiguo a la iglesia, que durante un milenio había sido residencia de los papas, incluía una sala conciliar, construida por León III y accesible directamente desde la basílica. La decoración en mosaico, de la que en verdad poseemos escasas noticias, debía ser sumamente expresiva. El mosaico del ábside principal representaba a Jesucristo, a la Virgen María y a los apóstoles san Pedro y san Pablo; en los ábsides laterales estaban representados los demás apóstoles. Se puede suponer que las deliberaciones de los concilios Lateranenses medievales se desarrollarían en esta sala, mientras los actos solemnes se efectuarían en la contigua basílica.

No poseemos actas, o escritos protocolares, sobre el desarrollo de las deliberaciones en éste ni en los siguientes concilios Lateranenses. Lo que de ellos sabemos procede de convocatorias aisladas que se han conservado, de pasajes de crónicas y de su propio resultado, a saber, los decretos o cánones. Faltan listas de los participantes, como las solemos tener de los demás concilios. Es de creer que el número de participantes se elevaran a «unos 300 obispos». La indicación de 997 que contiene la biografía de Calixto II según Pandulfo — comprendidos los obispos y abades que participaron en el concilio — es sin duda alguna exagerada.

Los 25 cánones del primer concilio de Letrán renuevan en parte, anteriores disposiciones: la prohibición de la simonía, la observación de la tregua de Dios, que había sido proclamada en Clermont. A los cruzados se concede remisión de las penas temporales y se les garantizan las familias y los bienes dejados en el país, se decreta la excomunión para los actos de pillaje contra los peregrinos de Roma. Los demás cánones se refieren a la colación de las órdenes y a la administración de los otros sacramentos, así como a la atribución de funciones eclesiásticas. Durante el concilio, el 28 de marzo, se canonizó al obispo Conrado de Constanza († 976). Fue concedido el palio al arzobispo de Hamburgo-Brema. Los arzobispos de Cantórbery y York llevaron ante el concilio sus cuestiones de precedencia.

De la lista de los asuntos a tratar se desprende que este primer concilio de Letrán fue ya en alto grado el punto de cita y como el foro de la Cristiandad. Ocasión del segundo concilio fue una reyerta en el seno de la Iglesia: el cisma de Anacleto II.

A la muerte del papa Honorio II (1124-1130), dieciséis cardenales, en su mayoría franceses, habían elegido Papa al candidato de la potente familia Frangipani, Gregorio Papareschi, que había adoptado el nombre de Inocencio II. Poco después veinte cardenales eligieron a Pedro Pierleoni, de una familia originariamente judía, el «papa del ghetto», Anacleto II. Estaba fuertemente apoyado por el rey Roberto II de Sicilia, pero la intervención de san Bernardo de Claraval en favor de Inocencio II inclinó la balanza del lado de éste, tanto más que el emperador Lotario III, con dos expediciones a Roma, se puso de su parte y se hizo coronar por él. Sin embargo, Anacleto II mantuvo sus pretensiones hasta su muerte (25 enero 1138), en el Vaticano y en la Ciudad Leonina, es decir, el ámbito en torno a San Pedro, que León IV había hecho amurallar como baluarte contra los sarracenos.

Al año siguiente (1139) Inocencio II, reconocido ya universalmente, invitó a los obispos y abades de Occidente a un «sínodo plenario» — como él lo llamó, en lugar de la expresión ya corriente de «sínodo general» —. Sólo se ha conservado la invitación a la remota provincia de Compostela. Una vez más las cifras de participantes oscilan mucho: las *Anales* de Melk en el Danubio hablan de 500; la *Crónica* de Otón de Freising, de cerca de mil participantes. Aun teniendo por más probable el número inferior, hay que reconocer que Otón de Freising transmite la impresión de los contemporáneos al calificar de «grandísimo» (maxima) al sínodo. Lo mismo que en el primer concilio de Letrán, también en este segundo demuestran los numerosos documentos papales redactados durante el concilio, que los participantes procedían de casi todos los países de la cristiandad de entonces: de Lincoln en Inglaterra, de Huesca en España; de Jerusalén; desde luego, las iglesias y conventos de Francia, Suiza, Alemania y Austria son las que gozan de mayor representación.

El concilio duró del 4 de abril de 1139 hasta fines del mismo mes. En la oración de apertura lamentó el papa la confusión producida por el cisma de Anacleto y depuso a sus partidarios, que hubieron de entregar palios, báculos y anillos episcopales. Con gran disgusto de san Bernardo de Claraval se efectuó, entre otras, la deposición de su protegido, el cardenal Pedro de Pisa. La mayor parte de los 30 cánones del concilio vuelve a reproducir ideas del movimiento gregoriano de reforma, aunque también prohibe la usura, así como los torneos, y el estudio del derecho y de la medicina por los monjes. Gran importancia para la observancia del celibato tenían el canon 7.º, que declaraba inválido, no sólo ilícito como lo era hasta entonces, el matrimonio contraído por clérigos (a partir del subdiaconado) y por monjes. El canon confirma al capítulo catedral el derecho de elegir al obispo, aunque sin excluir a los superiores de órdenes religiosas que ya gozaban de este privilegio.

Este canon fue el origen de la influyente posición del capítulo catedral en la edad Media.

El campo de acción se extiende ahora mucho más que en 1123. Ciertos sectarios, que rechazan la eucaristía y el bautismo de los niños, el sacerdocio y el matrimonio, son excluidos de la Iglesia por el canon 23: son ya prenuncio de los grandes movimientos heréticos que poco después tanto han de dar qué hacer a la Iglesia. Según la relación de Otón de Freising, el canónigo Arnaldo de Brescia fue acusado por su obispo por pretender que ningún eclesiástico o monje que poseyera bienes podía salvarse, pero todavía salió bien librado, pues el concilio se limitó a imponerle silencio. También el segundo concilio Lateranense fue teatro de una canonización: el primer abad de Fulda, Sturmio, fue canonizado el 18 de abril.

No estaba presente en el concilio el hombre más influyente de la época, a la que ha dado su nombre: Bernardo de Claraval. El gran santo puso en movimiento la malograda segunda cruzada, con sólo su inflamada palabra, sin el apoyo de concilio alguno.

Lucha y paz con Barbarroja; el tercer concilio de Letrán.

Una cuestión de política eclesiástica, la lucha por las investiduras, había sido la ocasión exterior del primer concilio Lateranense; un cisma, la del segundo. Ambos motivos están contenidos en la prehistoria del tercero.

Cuando fue elegido papa con el nombre de Alejandro III (1159-1181) el sienés Roldán Bandinelli, el emperador Federico, por sobrenombre Barbarroja, recordando la brusca intervención de este cardenal en la dieta de Besançon de 1157, opuso otro candidato en la persona del cardenal Octaviano de Montecelio, al que se llamó Víctor IV El intento de Barbarroja de volver a restaurar en Italia el poder imperial, agrupó a las ciudades del norte de Italia en torno a Alejandro III, que se negó a asistir al concilio reunido en Pavía el año 1160. Por fin, al cabo de tres lustros de encarnizada lucha, en la paz de Venecia de 1177 abandonó Barbarroja a su antipapa Calixto III, segundo sucesor de Víctor, y se comprometió a entregar los bienes eclesiásticos que estaban en su poder. El tercer concilio Lateranense, ya previsto en las negociaciones de paz, fue como el sello puesto por la Iglesia al pie del tratado, y al mismo tiempo una confirmación de la potencia del pontificado. El concilio — así rezaba la invitación dirigida a los obispos toscanos — «según la usanza de los santos padres» ha de confirmar la paz, comunicándole una fuerza que sin él no poseería. Así, pues, Alejandro enlaza ya con los concilios de la antigüedad. Su deseo era agrupar en torno a sí «si no a todo el mundo, por lo menos a toda la catolicidad» (Tangl).

Del tercer concilio Lateranense — 11.º concilio ecuménico — poseemos por primera vez listas de nombres de obispos participantes, en total 291 nombres; el número real de los participantes debió de pasar de los 300. El grueso (124) lo formaban naturalmente los obispos de Italia central y meridional, pero estaban representadas por sus mismos metropolitanos o por sufragáneos las provincias eclesiásticas de Inglaterra, Escocia, Irlanda, Francia y Alemania. De España asistieron 19 obispos, 5 de Dalmacia y 8 de los estados de los cruzados. Aunque se desconoce el número de los abades presentes, sin embargo, debió de ser considerable, a juzgar por la masa de privilegios otorgados a monasterios durante el concilio. Una fuente inglesa hace notar que fueron enviados «representantes de casi todos los emperadores, reyes y príncipes de toda la Cristiandad».

El concilio tuvo tres sesiones, el 5, el 7 (o el 14) y el 19 (o el 22) de marzo de 1179. El cronista Guillermo de Tiro dice en su *Historia de las Cruzadas:* «Sobre las decisiones de este concilio, los nombres, número y títulos de los obispos, se puede leer el escrito que nosotros mismos compusimos a ruegos de los sinodales y que depositamos en el archivo de nuestra iglesia de Tiro.» Este escrito, desgraciadamente, no se conserva. Prácticamente no sabemos nada sobre el desarrollo de las negociaciones en este concilio, del que únicamente conocemos el resultado, los 27 «capítulos». Los dos primeros hacen el balance de la disputa precedente. Para prevenir futuros cismas se establece que para la elección del papa en adelante se requerirá una mayoría de las dos terceras partes. Se declaran inválidas las órdenes sagradas y dignidades conferidas por los cismáticos. De entre las restantes decisiones vamos a entresacar algunos ejemplos que darán idea del radio de acción del concilio desde el terreno eclesiástico hasta el civil. Para la elección del obispo se exige como edad mínima 30 años (disposición todavía en vigor) y legitimidad de nacimiento. Nadie puede poseer varias dignidades — o parroquias —, que es la prohibición de la llamada acumulación de beneficios. En cada catedral debe haber un maestro que instruya a los niños pobres y a los clérigos. Se aplica la excomunión al suministro de armas o de materiales destinados a armamentos, como el hierro y la madera para la construcción de buques, a los sarracenos. Los judíos y sarracenos no pueden tener esclavos cristianos. Se fulmina el anatema contra la secta de los cátaros propagada por el sur de Francia, excomunión que se extiende también a quienes les den alojamiento o trafiquen con ellos; sus bienes quedan confiscados; quien, siguiendo el consejo de los obispos, tome las armas contra ellos, queda puesto, como los cruzados, bajo la protección eclesiástica. Según informes fidedignos, se presentó en el concilio una delegación de los «pobres de Lyon», adeptos del comerciante Pedro Valdo, que presentaron su traducción de la Biblia y solicitaron la aprobación de sus predicaciones seglares. Fueron despedidos con una negativa, aunque sin condena. Más tarde, este movimiento de pobres, nacido de las mejores intenciones, se convirtió en una secta no menos peligrosa que la de los cátaros, condenada por el concilio. Tanto la una como la otra acabaron en movimientos subversivos. Ahí está la explicación de por qué el proceder de los concilios medievales contra los herejes difiere del de la Iglesia antigua; en la herejía ven no sólo un error en materia de fe, sino también un atentado contra la Iglesia y contra la sociedad: no sólo se condena la doctrina, sino que se extermina también a los promotores.

Para terminar, reproduciremos algunos rasgos pintorescos que recoge el cronista de Stade, en la Baja Sajonia: «En el concilio fueron consagrados obispos por el papa dos ingleses y dos escoceses, que habían ido al concilio, el uno con un solo caballo, y el otro a pie con su acompañante. Se halló también un obispo irlandés, el cual contó a Escolástico de Brema que se procuraba la subsistencia con tres vacas lecheras, que cuando cesaban de dar leche eran reemplazadas con otras por sus diocesanos.»

Los tres primeros concilios Lateranenses obtuvieron vigencia universal por el hecho de haber puesto el sello a la solución de los problemas candentes de entonces: liquidacion de la lucha por las investiduras, cismas de Anacleto II y de Barbarroja. El número continuamente creciente de participantes, así como la mayor convicción de los convocantes, distinguen netamente a estos concilios de los precedentes concilios papales. Y sin embargo, aun éstos no son más que el preludio del cuarto concilio de Letrán, el 12.º ecuménico, celebrado el año 1215.

Inocencio III en el cuarto concilio de Letrán.

«Con ansia he deseado celebrar esta Pascua con vosotros antes de padecer.» Con estas palabras del Señor (Luc 22, 15) Inocencio III, presintiendo su cercana muerte, inauguró el 11 de noviembre de 1215 el gran concilio de Letrán, al que había invitado ya dos años antes, el 19 de abril de 1213, «a la manera de los antiguos padres», a los obispos de Oriente y de Occidente, a los superiores de las grandes órdenes monásticas, y también a los reyes cristianos. Entre los 404 obispos conocidos por sus nombres, que aceptaron la invitación, faltaban los griegos, también invitados, del patriarcado de Constantinopla. En cambio, se hallaron presentes obispos de países del este de Europa que antes no habían estado representados: de Bohemia, Hungría, Polonia, Estonia y Livonia, que con su presencia se profesaban por miembros del Occidente cristiano. El número de los abades parece haber sido de unos 800. El emperador Federico II, los reyes de Francia, Inglaterra, Aragón, Hungría, los estados de los cruzados y algunas ciudades, como Génova, enviaron delegados. Toda la cristiandad, eclesiástica y secular, estaba representada.

El concilio tuvo sólo tres sesiones, el 11, el 20 y el 30 de noviembre de 1215. Su resultado fueron los 70 capítulos, incorporados en su mayoría al código de derecho eclesiástico. Sobre su origen, como en general sobre la marcha del concilio, vuelven a faltarnos las fuentes. A la cabeza va una profesión de fe dirigida, aunque sin nombrarlos, contra los cátaros. Contiene además el concepto de «transubstanciación» en la eucaristía, elaborado en las discusiones acerca de la herejía de Berengario de Tours, así como la condenación de la doctrina trinitaria del abad calabrés, Joaquín de Fiore. La lucha que tuvo que sostener la Iglesia contra las herejías de los cátaros, valdenses y otros grupos análogos de sectarios, se refleja en las prescripciones acerca de la Inquisición. Todavía hoy está en vigor el célebre capítulo 21, según el cual todo cristiano llegado al uso de la razón está obligado una vez al año a la confesión y a la comunión pascual. Se trata de una exigencia mínima que responde perfectamente al deseo del papa de no decretar nada que no se pudiera realizar y que se redujera por consiguiente a letra muerta.

Este sentido realista penetra todas las leyes de reforma del concilio, que conforme a un plan bien meditado abarcaban todos los grados de la jerarquía y todos los estados, y habían de servir a la cura de almas. Ninguna diócesis puede estar más de tres meses privada de pastor (c. 23). Ya que los obispos, dada la extensión de sus diócesis, no pueden cumplir siempre personalmente su deber de anunciar la fe mediante la predicación, se les impone la obligación de designar en las catedrales predicadores y confesores idóneos (c. 10) y especialmente de velar por la predicación en la lengua materna de los fieles (c. 9). Sínodos provinciales anuales (c. 6) y capítulos generales de las órdenes (c. 12) deben mirar por el cumplimiento de los decretos de reforma. Para fomentar la formación del clero debe haber en cada catedral un maestro de gramática, y teólogos bien formados, en las iglesias metropolitanas (c. 11). Para los seglares tenía importancia la limitación de los impedimentos matrimoniales, la prohibición de los matrimonios en secreto (matrimonios clandestinos), así como la protección contra el fraude religioso en materia de reliquias y peregrinaciones (c. 62). La legislación contra los judíos (prohibición de salir los días de semana santa, obligación de una indumentaria especial) no provenía de prejuicios raciales ni trataba de infligirles un insulto humillante, dado que se aplicaba igualmente a los musulmanes que vivían entre cristianos. Su objeto era proteger la fe cristiana, aunque no deja de ser un tributo pagado a las ideas del tiempo.

Bajo Inocencio III llegó el pontificado en la edad media al apogeo de su autoridad espiritual y temporal. Sin embargo, el cuarto concilio de Letrán no fue en manera alguna un «escenario del papa como soberano absoluto de la Iglesia universal», como tampoco se rebajaron los obispos hasta quedar reducidos «a instrumentos del papa omnipotente» (Heiler). El mismo

Inocencio no logró imponer su voluntad en todos los terrenos. La provisión pecuniaria de las oficinas pontificias (cancillería y cámara) y de la corte del papa por medio de contribuciones regulares de la Iglesia universal no obtuvo la aprobación de la mayoría del concilio. Desgraciadamente, podemos decir, pues quizá con ello se hubiera evitado la formación del sistema curial de tasas e impuestos en el siglo catorce, que tanta irritación causaría entre las gentes. Por muy marcado que lleven algunos decretos conciliares el sello de la personalidad del papa, hay, sin embargo, que reconocer que la legislación de reforma del cuarto concilio de Letrán es producto de una verdadera colaboración entre el papa y los miembros del concilio. Precisamente por ello produjo tan buenos efectos, principalmente en Inglaterra, si bien no se realizó la radical renovación de la Iglesia que se había prometido el papa. El 16 de julio del año siguiente llegó «la última hora del papa» (Federer), al que la historia — no se sabe cómo — ha rehusado el sobrenombre de Grande. Falleció en Perusa a los 55 años.

En virtud de la autoridad que se atribuía y ejercía el papa, incluso en el terreno de lo temporal, tomó el concilio decisiones políticas, que ciertamente estaban en alguna manera ligadas con intereses eclesiásticos: la atribución del condado de Tolosa, que era el foco de los cátaros, a Simón de Montfort, la repudiación de la *Charta Magna* arrancada a la fuerza a Juan Sin Tierra, la confirmación de Federico II como emperador. El concilio fijó el 1.º de junio de 1217 como fecha, y Sicilia como punto de reunión para una gran cruzada; a fin de cubrir los gastos, debía entregar el clero durante tres años la vigésima parte de sus ingresos. Para reservar a los cruzados la capacidad disponible de barcos, se prohibió durante cuatro años todo tráfico naval con los musulmanes, así como el mercado de armas y material bélico y el servicio como pilotos o timoneles en embarcaciones musulmanas. La propaganda en gran escala en pro de la cruzada obtuvo un gran éxito, pero la cruzada misma, dirigida contra Egipto, de donde partían todas las amenazas contra los santos lugares, fue un verdadero fracaso.

El concilio general de Lyón convocado por Inocencio IV intervino en el acaecer político mucho más profundamente aun que el cuarto concilio de Letrán. Su teatro de acción indica el fatal desplazamiento del centro de gravedad, que había comenzado durante la última etapa de la contienda entre el pontificado y los Hohenstaufen en el siglo trece y en el siguiente acabó con el traslado de los papas a Francia.

Deposición del emperador Federico II en el primer concilio de Lyón.

La noche del 28 al 29 de junio del año 1244 un pequeño grupo de caballeros, a toda prisa y en el secreto más profundo, se abrían camino por los bosques entre Sutri y el puerto de Civitavecchia : el papa Inocencio IV, antes Sinibaldo Fieschi, de Génova, acompañado solamente por sus sobrinos, dos camarlengos, el capellán y el confesor, se apresuraba por ganar el puerto salvador, en que le aguardaba una flota genovesa. Huía del emperador Federico II, con quien hacía meses estaba en negociaciones para resolver el conflicto, que había surgido ya en tiempos de su predecesor Gregorio IX, acerca de los derechos de la Iglesia y del Imperio en Italia ; conflicto que, en la opinión del papa, no tenía solución por falta de buena voluntad. Un cordón de tropas imperiales rodeaba al papa impidiéndole todo contacto con el mundo. La fuga, sin embargo, se llevó felizmente a cabo.

Una vez ya en Génova, aclamado por sus paisanos, pronunció el papa las palabras del Salmo (123, 7) :

«Nuestra alma, como un pájaro, se ha librado del lazo de los cazadores; se ha roto el lazo y estamos libres.»

El papa creyó haber hallado en Lyón el lugar mejor situado para la batalla que estaba decidido a librar al emperador. Aunque la ciudad se hallaba dentro de los límites del imperio, pertenecía, sin embargo, al arzobispo y gozaba de las mejores comunicaciones lo mismo con Alemania que con Francia. De allí se cursaron al mundo entero el 3 de enero de 1245 las invitaciones para el 13.º concilio general. En gran número acudieron los obispos de Francia y de España, menos numerosos de Inglaterra y de Italia, y aún menos de los dominios de la nación alemana: el emperador había prohibido con el mayor rigor la asistencia al concilio y había incluso obstruido las vías de acceso por mar. El número de participantes en el concilio fue muy inferior al del último concilio de Letrán: en total, de 140 a 150 obispos, según puede calcularse.

Poseemos un cuadro más animado del concilio, pues contamos con una breve relación de las actas y una descripción de la crónica de Mateo de París. En la sesión de apertura, que se celebró en la catedral de Lyón el 28 de junio de 1245, habló el papa de cinco dolores que le afligían: los pecados de los eclesiásticos, la pérdida de la ciudad santa de Jerusalén (en 1244 había caído definitivamente en manos de los musulmanes), las angustias del imperio latino de Constantinopla (fundado durante la cuarta cruzada), la irrupción de los mongoles en Europa y, finalmente, el asunto capital, la persecución de la Iglesia por el emperador Federico II. Contra él formuló el papa las más graves acusaciones: herejía, alianza con los infieles, infracción de tratados y perjurio. El magistrado supremo de la corte, el siciliano Tadeo de Suessa, defendió a su soberano inteligente y objetivamente, pero Inocencio lo refutó punto por punto. Una de las acusaciones se refería al concilio que Gregorio IX había tratado de reunir en Letrán el año 1241 y que Federico había impedido, capturando la flota genovesa que conducía a bordo a más de cien prelados y haciendo prisioneros a los tripulantes.

Una semana después, en la segunda sesión del 5 de julio, se reasumió el proceso contra el emperador. Tadeo de Suessa no logró refutar la acusación de haber usado violencia con los obispos, que pesaba sobre Federico; sin embargo, obtuvo que se difiriera la sentencia doce días, a fin de recibir nuevas instrucciones de su soberano.

En el ínterin despachó el concilio asuntos eclesiásticos. De los 22 capítulos (no 17 ó 19, como antes se suponía), ocho eran sencillamente decisiones preconciliares, que el concilio se limitó a confirmar. Antes de su pontificado había sido Inocencio profesor de derecho canónico en Bolonia; de ahí su interés por la reordenación del derecho procesal eclesiástico, del que trata una parte de los capítulos. Tampoco se olvidaron las grandes preocupaciones de la cristiandad, de las que había hablado el papa en la oración de apertura. Él mismo asumió los gastos de instalación de fortificaciones contra posibles incursiones de los mongoles. A los prebendados no residentes se impuso la obligación de contribuir con un tercio de su renta anual al mantenimiento del emperador latino de Constantinopla, y a todos los eclesiásticos, lo mismo que en el cuarto concilio de Letrán, a aportar la vigésima parte de sus ingresos para el rescate de los santos lugares de Palestina.

Estas decisiones fueron aceptadas por el concilio en la tercera sesión de 17 de julio. En la misma sesión se recusó la protesta de una delegación de los barones ingleses contra la colación de prebendas inglesas a italianos. Sin embargo, el punto central de las negociaciones fue la sentencia en el proceso contra el emperador. Federico II, acusado de perjurio, de perturbar la paz y de sospecha de herejía, fue depuesto en cuanto rey de Alemania y emperador romano. Fue ésta la primera deposición de un emperador por el papa desde los días de Gregorio VII. «¡Oh día de ira, de infortunio y de luto!», exclamó Tadeo de Suessa. En realidad era el comienzo del ocaso de los Hohenstaufen y de la decadencia del poder imperial, pero también a la vez una prueba de fuerza de la plenitud de poderes papales en el terreno de lo temporal, que a la larga no pudo sostener el pontificado.

Pasado más de un mes de la sesión de clausura del concilio, el 25 de agosto de 1245, expidió Inocencio IV a las universidades los 22 capítulos del concilio «para que fueran utilizados en la jurisprudencia y en la enseñanza», con lo cual les confirió fuerza de ley. Aumentados con otros once decretos, pasaron a la colección definitiva de leyes del papa publicada el año 1253. El hecho es sumamente instructivo por lo que se refiere a las relaciones entre el papa y el concilio y volverá a ocuparnos una vez más en el siguiente concilio.

Cruzada, unión de los griegos y ordenamiento del conclave en el segundo concilio de Lyón.

La más larga sede vacante precedió al segundo concilio de Lyón, el 14.º general. Casi tres años habían transcurrido desde la muerte de Clemente IV el 29 de noviembre de 1268 sin que los cardenales, divididos en facciones, pudieran ponerse de acuerdo sobre un candidato. Para forzarlos a una decisión, los ciudadanos de Viterbo habían levantado el tejado del palacio episcopal, en que estaba reunido el conclave. El 1.º de septiembre de 1271 fue elegido Tedaldo Visconti, de Piacenza, que por entonces residía en San Juan de Acre, último baluarte de los cristianos en Oriente. Se deja entender cuán al corazón le llegaba la causa de la cruzada, aunque en realidad definitivamente perdida. Al despedirse parece haber dicho: «¡Jerusalén, Jerusalén, si alguna vez te olvidare!» Pero Gregorio x se interesaba también por la unión con los griegos, que habían recuperado a Constantinopla y derrocado el imperio latino allí establecido, aunque seguían temiendo un contraataque del rey Carlos de Nápoles.

Los temas principales del concilio, nuevamente convocado en Lyón en abril de 1273 por Gregorio x, fueron la elección del papa, la cruzada y la unión de los griegos. No sólo se invitó a los arzobispos, obispos, cabildos catedrales y abades (uno de cada diócesis), sino también a los reyes y príncipes de Occidente, al emperador griego de Constantinopla, Miguel, al rey y al «katholikós» (cabeza suprema de la Iglesia) de Armenia, e incluso al gran khan de Mongolia, sobre cuya propensión al cristianismo habían llegado a Occidente noticias, si no falsas, por lo menos exageradas. La asistencia no alcanzó el número del cuarto concilio de Letrán, pero se le pareció en la universalidad. Después de Italia, Alemania tenía la mayor representación, con sus 6 arzobispos y 28 obispos; de Francia asistieron 31; 25 de la península Ibérica y otros tantos de Inglaterra. En total unos 200, cuya asistencia se puede comprobar. Los cálculos de los cronistas, en los que van comprendidos los abades, así como los otros dignatarios eclesiásticos y procuradores, alcanzan y hasta rebasan el millar. Faltaba uno de los llamados, el mayor de todos: santo Tomás de Aquino había fallecido en el monasterio de Fossanova cerca de Roma el 7 de marzo de 1274, en su viaje de Nápoles a Lyón. Le había alcanzado la misma suerte que a san Agustín antes del concilio de Éfeso.

El segundo concilio de Lyón se inauguró el lunes de la semana de Rogativas, el 7 de mayo de 1274. En su apertura Gregorio x pronunció una oración que comenzaba con las mismas palabras que la de su predecesor Inocencio III en la apertura del cuarto concilio de Letrán: «Ardientemente he deseado...» Como triple objetivo del concilio enunció: la ayuda a Jerusalén, la unión con los griegos y la reforma de la Iglesia. A la derecha del papa asistían los cardenales obispos, entre los cuales san Buenaventura, a la izquierda los cardenales presbíteros; les seguían a ambos lados los arzobispos, obispos y abades. Los patriarcas latinos de Constantinopla y de Antioquía tenían puestos especiales en la nave de la iglesia, como para significar que por entonces no se pretendía todavía poner la dignidad patriarcal por debajo del cardenalato. Especiales puestos estuvieron reservados también al rey Jaime de Aragón y a los enviados de los reyes de Francia, Alemania, Inglaterra y Sicilia, así como a los representantes de las órdenes militares.

A fin de aportar los recursos necesarios para una gran cruzada, juzgó el papa necesario un sacrificio cuatro veces mayor que el reclamado por Inocencio III: el diezmo durante seis años. Gracias a su prudente táctica en las negociaciones, logró arrancar su consentimiento a los prelados recalcitrantes; en lugar de tratar con ellos en sesión plenaria, lo hizo separadamente con los representantes de cada provincia eclesiástica. En interés de la cruzada decretó el papa una paz de seis años, pero ya antes de que pudiera organizarse la cruzada, se había perdido Acre el 18 de mayo de 1291.

El 24 de junio hicieron su llegada los enviados griegos: el en otro tiempo patriarca de Constantinopla, Germano, el arzobispo de Nicea y el logoteta (canciller) del emperador. En la cuarta sesión de 6 de julio aceptaron la profesión de fe que se les había impuesto y que contenía el reconocimiento del primado pontificio, la doctrina del purgatorio y el número de siete de los sacramentos, y juraron en nombre de su emperador la unión con la Iglesia de Roma. Durante la misa se cantó el Credo, con el *filioque,* en latín y en griego. Una vez que así habían profesado los griegos su fe en el *filioque,* se les permitió conservar el texto tradicional de su símbolo. La unión no tuvo consistencia, no sólo porque el emperador se había dejado llevar por motivos políticos y hubo de hallar oposición en el episcopado griego, sino también porque el papa Martín IV (1281-1285) había apoyado los proyectos de conquista en Oriente del rey de Nápoles.

La célebre ley sobre la elección papal «Ubi periculum» que, adoptada en la sesión quinta de 16 de julio y — con ligeras variantes y ampliaciones — todavía hoy está en vigor, disponía, siguiendo las elecciones de magistrado de algunas ciudades italianas, que diez días después de la muerte del papa debían los cardenales reunirse para la elección del sucesor, reunión que debía realizarse en riguroso aislamiento del mundo exterior (conclave). Si al cabo de tres días no se ha ultimado la elección, se servirá a los conclavistas un solo plato al mediodía y por la noche, y cinco días después solamente pan y agua. Mientras dura el conclave, ceden sus ingresos a la Iglesia universal. Aunque no faltó la comprensible oposición de los cardenales, esta ley electoral fue aprobada por el concilio.

Para la reforma eclesiástica había ya el papa antes del concilio recogido pareceres, tres por lo menos de los cuales se han conservado, entre ellos el del general de los dominicos, Humberto de Romanis. Hasta qué punto fueron normativos se podrá deducir del resultado final de las negociaciones. Algunos de los 31 capítulos, cuya mayoría se aprobó en las sesiones tercera (7 de junio), quinta y sexta (16 y 17 de julio), se refieren a la elección de los obispos y a otras elecciones eclesiásticas. La extensa actividad apostólica de las cuatro órdenes mendicantes nacidas en el decurso del siglo trece, los dominicos, franciscanos, ermitaños de san Agustín y carmelitas, había hallado no poca oposición en el clero secular. Así el capítulo 23 confirmó sus privilegios, aunque no pudo eliminar la tensión existente, de la que habrán de ocuparse todos los concilios subsiguientes hasta el Tridentino.

Las decisiones del concilio fueron puestas en vigor por Gregorio X el 1 de noviembre de 1274, por cierto con algunas variaciones, aunque no muy radicales, lo cual es una prueba palmaria de que el papa se atribuía y ejercía la suprema potestad sobre el concilio.

Por su representación ecuménica, en cuanto asamblea de toda la Cristiandad, el segundo concilio de Lyón se puede comparar con el cuarto Lateranense. También se parecieron como teatro de decisiones políticas. La contienda por la corona real alemana entre el rey Alfonso de Castilla y Rodolfo de Habsburgo se resolvió en cuanto a la substancia, recibiendo el papa las promesas que empeñaban a Rodolfo e invitando a su rival a la renuncia. El reconocimiento formal de Rodolfo se efectuó una vez clausurado el concilio, el 26 de septiembre de 1274. Con ello quedaba cancelado el infortunado interregno. El rey Jaime I de Aragón, que había asistido al concilio con la intención de ser coronado por el papa, regresó disgustado porque Gregorio le había exigido juramento de fidelidad y un tributo feudal. El rey de Francia resignó el condado Venaissin que, aunque hacía tiempo pertenecía al papa, estaba administrado por un caballero feudal. Una delegación del gran khan de Mongolia se esforzó por obtener una alianza contra Egipto. No la consiguió, pero un miembro de la delegación se hizo bautizar. Las tentativas de llevar el cristianismo al extremo Oriente al abrigo de la tolerancia ejercida por los khanes mongoles quedaron sin resultado, debido a las distancias, a pesar de algunas sorprendentes realizaciones, como las del franciscano Juan de Montecorvino. La grandeza de ideales y de voluntad que Gregorio X — venerado por la Iglesia como beato — proyectó sobre el concilio, es algo admirable y sorprendente.

La sombra de Bonifacio VIII.

Cuatro lustros más tarde alcanzó el pontificado, bajo el imperioso Bonifacio VIII, la cumbre de su poder. En la bula «Unam sanctam» formuló este papa la doctrina, no ciertamente nueva, pero más y más condicionada por los tiempos, de las dos espadas en la mano del papa, la espiritual y la temporal, una de las cuales es manejada *por* la Iglesia y la otra *para* la Iglesia. Su colisión con el rey Felipe el Hermoso, de Francia, y su reclusión en Anagni por los emisarios de éste el 7 de septiembre de 1303, forman el preludio de una nueva época del pontificado, su «destierro en Aviñón». La sombra de Bonifacio VIII se extendió también sobre el concilio que su segundo sucesor Clemente V convocó el 12 de agosto de 1308 desde Poitiers, donde se había reunido con Felipe el Hermoso. Viena del Delfinado fue designada como sede del concilio. En la bula de convocación se mencionaban como objeto de las deliberaciones el asunto de la orden del Temple, cuestiones de fe, la reforma de la Iglesia y el rescate de Tierra Santa. No todos los obispos fueron invitados al concilio, como se había estilado hasta entonces: se hizo una excepción tras un acuerdo con el rey de Francia, lo cual es un indicio de la situación en que se hallaba ya el pontificado. Una lista de convocados, llamada «lista de París» por haberse descubierto allí, contiene 165 nombres; la otra, la definitiva, 231. De éstos se hallaron presentes 20 cardenales, 4 patriarcas, 29 arzobispos, 79 obispos y 36 abades. Los más numerosos eran los franceses y los italianos; sin embargo, la presencia de los arzobispos de Tarragona, Braga y Compostela, de York, Armagh y Dublín, de Colonia, Magdeburgo y Brema, demuestra que «el episcopado universal tenía plena representación en el concilio» (E. Müller). Muchos de los ausentes enviaron delegados o procuradores. El concilio de Viena, con ser un concilio de obispos, fue también «concilio de procuradores».

«Muchas cosas me desazonan aquí. El lugar es extraordinariamente frío, cosa que a mi edad me ocasiona no pocas molestias. Gran cantidad de gente se aglomera en la pequeña ciudad, lo que da lugar a muchas incomodidades. Pero hay que tener paciencia.» Así escribía el 9 de noviembre de 1311 el obispo Raimundo de Valencia, enviado del rey Jaime II de Aragón, en una carta resignada a su soberano. Tres semanas antes, el 16 de octubre, había inaugurado Clemente V el concilio general de Viena.

El ceremonial litúrgico de la sesión de apertura en Viena.

Las sesiones de los concilios generales no son meros actos jurídicos de la Iglesia, sino al mismo tiempo solemnidades litúrgicas, en cierto modo como las canonizaciones o como la coronación del papa. Su forma litúrgica no es un puro revestimiento exterior, sino más bien algo que pertenece a su esencia misma: los concilios, al decidir perentoriamente sobre la fe y la disciplina, realizan un acto de culto divino.

La sesión inaugural del concilio de Viena del 16 de octubre de 1311 revela ya el mismo orden litúrgico que observaremos en los concilios de Constanza, Basilea y Trento; algunas divergencias que en él se notan son debidas a la presencia personal del papa en Viena.

Clemente V, vestido de pontifical y acompañado de un pequeño séquito, hizo su ingreso en la catedral y tomó asiento en su trono en el presbiterio. Los patriarcas latinos de Alejandría y de Antioquía tenían puestos reservados fuera de las filas en medio de la iglesia. Los demás prelados, con capa pluvial y mitras blancas de lino, ocupaban tres filas consecutivas, en la nave central: en total, 114 mitrados. El papa impartió la bendición, los cantores entonaron la antífona y a la indicación del diácono *Flectamus genus* se postraron todos. Volvió a levantarse la asamblea y el papa, vuelto hacia el concilio, pronunció la oración al Espíritu Santo prescrita en el ritual: «Henos aquí, Señor, ...reunidos en vuestro nombre. Venid a nosotros y asistidnos...» Terminada la oración, volvieron todos a arrodillarse y rezaron las letanías de los Santos, a las que siguió una nueva oración del papa. El cardenal diácono Napoleón Orsini cantó el evangelio de la misión de los 70 discípulos (Luc 10, 1-16), que ya se había cantado en el segundo concilio de Lyón y que, 200 años más tarde, volvería a cantarse en la apertura del concilio de Trento. Entonces entonó el papa el himno *Veni, creator Spiritus,* toda la asamblea se unió al canto y terminó la estrofa.

Todo esto era sólo la preparación. A continuación comenzó el papa su alocución inaugural desarrollando el programa del concilio, que abarcaba tres puntos: la cuestión de los templarios, el rescate de Tierra Santa, la reforma de las costumbres y las libertades eclesiásticas. Para terminar notificó la formación de una delegación conciliar para investigar en el asunto de los templarios, pero no fijó plazo para la próxima sesión, como se solía hacer de ordinario. Cerró la ceremonia la bendición papal.

Tal fue la inauguración del concilio de Viena. En concilios posteriores, celebrados sin asistencia del papa, precedía a la ceremonia inaugural que acabamos de describir una misa del Espíritu Santo con alocución de un miembro del concilio. En lugar de la oración inaugural del papa, el presidente tenía una breve alocución y a continuación se tomaba el acuerdo de inaugurar el concilio, expresado por el «placet» de los que tenían voto en la asamblea. En las sesiones posteriores se leían y aprobaban los decretos. Los votos eran registrados por un colector de votos que recorría uno por uno los puestos y recogía las cédulas *(schedae)* de puño y letra de los votantes, con las eventuales motivaciones o restricciones dadas por escrito.

El proceso de los templarios y la reforma eclesiástica.

La apertura del concilio se había diferido más de un año. Esto se debió al proceso contra la orden militar de los templarios, que había de zanjarse en el concilio. Los templarios, creados en un principio para la protección de los peregrinos de Tierra Santa y para la defensa de los santos lugares, con la pérdida de Tierra Santa no tenían ya su propia razón de existir. El rey Felipe de Francia, movido por sus grandes riquezas y con el pretexto de inmoralidades, que sin duda existían entre ellos, había arrestado, el 13 de octubre de 1307, a todos los miembros de la orden en su país y había confiscado sus bienes : un golpe de mano en toda regla, si nos es lícito usar este término tan poco simpático. Era una transgresión flagrante del derecho canónico, al que estaba sujeta la orden. El papa, que se había reservado el caso y había nombrado una comisión pontificia de encuesta, seguía bajo la presión del rey, que todavía se hizo sentir más con su pretensión de que por fin se condenara a su mortal enemigo de antaño, Bonifacio VIII.

Durante todo el proceso, manejó Felipe esta pretensión como instrumento de presión política. Los jueces designados por el papa sostuvieron que la sentencia en el proceso de los templarios no podía basarse exclusivamente en actos inquisitoriales debidos a exacción en el tormento, sino que se debía dar a la orden oportunidad de defenderse. El resultado de las largas negociaciones, que duraron todo el invierno, de 1311-

1312, no fue una sentencia judicial del concilio, sino un acto jurisdiccional del propio papa que, el 22 de marzo de 1312, dos días después de la llegada de Felipe a Viena, decretó la disolución de la orden. Sus bienes, sin embargo, no pasaron, como lo había reclamado el rey, a una futura orden militar, y, a través de ella, al rey mismo, sino fueron atribuidos a la orden de Malta. La disolución de la orden se hizo pública en la segunda sesión del 3 de abril de 1312. El proceso contra Bonifacio VIII quedó en suspenso.

En la tercera sesión del 6 de mayo de 1312 se publicaron las dos constituciones sobre la observancia de la pobreza en la orden de los franciscanos y sobre la doctrina del franciscano Juan Pedro Olivi. La prehistoria de ambas es también larga. La corriente de los «espirituales», invocando el espíritu del fundador, san Francisco de Asís, echaba en cara a la mayoría de la orden haber abandonado el ideal primitivo de pobreza, apoyándose en privilegios pontificios. La mayoría, por su parte, atacaba la ortodoxia de uno de los jefes de los espirituales, precisamente el mencionado Olivi. La encuesta llevada a cabo por una comisión de cardenales y obispos del concilio dio como resultado la absolución de la mayoría, si bien se les impusieron normas sobre la práctica del ideal de pobreza (usus pauper). Tres doctrinas atribuidas a Olivi fueron condenadas sin mencionar a la persona, entre ellas la opinión de que el alma humana no es «forma» del cuerpo.

Con el fin de recoger materiales para las deliberaciones sobre la reforma, había ordenado Clemente V a los obispos reunieran en memoriales los abusos dominantes en sus diócesis. Del abundante material aportado se destacaban dos complejos de cuestiones: las quejas (gravamina) acerca de la intromisión — e incluso atropello — de los poderes seculares en la esfera eclesiástica, por ejemplo, en la particular condición jurídica del clero, en su exención de impuestos (inmunidad), en la administración de bienes de la Iglesia y de los hospitales; la coartación de los obispos mediante exenciones, es decir, mediante la exclusión de la competencia de los obispos otorgada por los papas a cabildos catedralicios y de colegiatas, a conventos particulares y a órdenes enteras. Lo primero era una consecuencia del creciente poder del estado, lo segundo se debía al centralismo que había ido surgiendo en la curia romana. El obispo de Angers, Lemaire, se lamentaba: «De 35 prebendas concedidas a mi catedral en mis 20 años de actividad episcopal, sólo dos pude adjudicar.» Si se recorren las reclamaciones de los obispos, se ven señalados casi todos los abusos de que se ocuparon los concilios de los siglos quince y dieciséis. Lo cual quiere decir que los decretos de reforma que se aprobaron en la sesión de clausura no tuvieron resultado efectivo. El sucesor de Clemente v, Juan xxii, los envió por fin, tras nueva redacción, a las universidades poniéndolos a la vez en vigor (25 de octubre de 1317). Forman parte de las llamadas «Clementinas», que son un aditamento al Corpus Iuris Canonici. Insistimos en ello: el papa se creía autorizado a redactar definitivamente las decisiones tomadas en los concilios, a someterlas a revisión si lo juzgaba necesario, en fin, a ponerlas en vigor.

También volvió a tratarse de la cruzada. Se hizo, sin embargo, manifiesto que la idea de cruzada, es decir, de guerra contra los infieles, iba perdiendo terreno, mientras prosperaba la idea misional. Por iniciativa del filósofo Raimundo Lulio, el llamado «canon de lenguas» del concilio de Viena dispuso que se crearan en las universidades cátedras de griego, hebreo y árabe, por ser imprescindible el conocimiento de estas lenguas para la labor misionera entre judíos y musulmanes. La eficacia del canon fue casi nula por la escasez de tales profesores en las universidades.

El obispo Durando de Mende había desarrollado

en su voluminoso «Tratado sobre el concilio general» amplias ideas de reforma : gradual robustecimiento del poder episcopal con simultánea limitación del ejercicio de la administración papal, revivificación de la constitución sinodal de la iglesia antigua, elevación de la cultura del clero. De nada de esto llegó a tratarse en Viena. Sin embargo, en tales ideas se vislumbraba ya una nueva época.

«El concilio está ya en la confluencia de dos mundos» (E. Müller). Los concilios generales de la alta edad media habían sido hechuras del papa de la reforma. Todos habían sido convocados y dirigidos por papas. Eran concilios de obispos, como los antiguos concilios, pero ampliados con la participación de abades, representantes de los cabildos e incluso de los poderes seculares, que, si no tenían voto en sentido pleno, tenían por lo menos voz en los asuntos que les concernían a ellos mismos. El papa daba a los decretos conciliares la forma definitiva y los incorporaba en gran parte a su código legal. Él mismo asiste a los concilios como cabeza de la Iglesia y a la vez de la cristiandad, como vértice de una pirámide que cobijaba no sólo a la Iglesia sino a la comunidad de los pueblos cristianos. Todo esto cambió cuando comenzó a reclamarse para los concilios — en calidad de «representantes» de la cristiandad y de los miembros de la Iglesia — derechos constitucionales que se trató de imponer durante un período de debilidad del pontificado.

Tercera parte

¿ESTÁ EL CONCILIO POR ENCIMA DEL PAPA?

El concilio de Viena fue el último de los concilios generales papales de la alta edad media. Mientras se celebraba flotaban ya en el aire ideas que asignaban a los concilios generales una función mucho más vasta que la que habían ejercido hasta entonces, la de última y suprema instancia a la que competía restaurar la unidad de la Iglesia, a pesar de un pontificado dividido, y llevar por fin a cabo la tan urgente reforma de la Iglesia en sus miembros y en su cabeza *(reformatio in capite et membris).*

Origen de la «teoría conciliar».

Hasta hace poco se había hecho remontar la doctrina de la supremacía del concilio sobre el papa, que comúnmente se conoce como «teoría conciliar», a Marsilio de Padua († 1342), el revolucionario teorizante de la soberanía del pueblo, y a su adepto Guillermo de Ockham († 1349). El razonamiento parecía obvio. Así como el estado procede de la voluntad del pueblo y se va organizando de abajo arriba, lo mismo sucede en la Iglesia. Su jerarquía, formada por papa y obispos, no fue instituida por Jesucristo, sino es efecto de una evolución histórica. La potestad de la Iglesia, que está restringida a la predicación de la palabra y a la administración de los sacramentos, radica en la «asamblea de los fieles». El concilio general «representa» a la Iglesia y está por encima de todos los miembros de la Jerarquía, sin excluir al papa.

Esta derivación de la teoría conciliar de Marsilio y de Ockham, que a sabiendas hemos simplificado en gracia de la claridad, no responde, como ya es sabido hoy, a la realidad histórica. Ante todo, la idea de representación es anterior a Marsilio, que no tuvo el menor influjo en su formación. Radica en una concepción de la Iglesia como corporación compuesta de cabeza y miembros, que constituyen un todo y ejercen una función común, pero cada uno de los cuales tiene de por sí derechos y deberes propios. Según ella, el papa no es, como lo pretenden los rígidos curialistas, el poseedor único de toda la potestad en la Iglesia. Ésta, como se expresa el domínico Juan de París († 1306), figura clave de esta teoría, no reside exclusivamente en la cabeza, sino se extiende también a los miembros. Éstos, mediante la elección realizada por los cardenales, transmiten sus derechos al papa, transmisión que pueden revocar en el caso que el papa incurra en algún error en la fe o abuse de su potestad en daño de la Iglesia.

En esta teoría de la Iglesia late un estrato aún más antiguo, que remonta a los canonistas del siglo doce. El papa, opinaba el canonista boloñés Huguccio († 1210), maestro de Inocencio III, puede personalmente errar, la Iglesia no. Con ello entendía en primer lugar la Iglesia romana, pero también la Iglesia universal en cuanto comunidad de los fieles. Ahora bien, ¿quién puede determinar si un papa yerra en la fe o no? La respuesta obvia debería ser: el concilio en representación de la Iglesia universal. Hasta allí no llegan los canonistas, pues recelan ponerse en contradicción con el reconocido aforismo de derecho: «Al papa no le juzgue nadie», como lo harían si atribuyeran al concilio autoridad judicial sobre el papa; el concilio podrá a lo sumo hacer constar el hecho del error, con lo cual el papa en error dejaría «ipso facto» de ser papa. Para salir del atolladero recurren a este razonamiento: En decisiones de fe el papa debe atenerse al parecer de los obispos; es infalible cuando recoge este parecer en el concilio que representa la Iglesia. A esta cooperación del concilio con el papa se aplica el dicho: El concilio (con el papa) es mayor que el papa (solo).

Con estas vías que de las concepciones de la alta edad media conducen a la teoría conciliar concurren hechos históricos, en los que se manifiesta el contraste con la doctrina de la plenitud de potestad del papa. Cuando el papa Bonifacio VIII procedió contra los cardenales rebeldes de la casa Colonna, apelaron éstos a un concilio general. Felipe el Hermoso dio el golpe de Anagni para doblegar al papa ante un concilio antipapal por él proyectado. La apelación de Sachsenhausen por parte del emperador Luis el Bávaro (1324), contra la sentencia de Juan XXII, se basaba en la tesis jurídica de que se podía apelar al concilio general contra un papa que se saliera de sus atribuciones.

El gran cisma de Occidente.

Estas ideas de la «representación» de la Iglesia por el concilio general alcanzaron por fin un significado eminentemente práctico cuando los veinte cardenales que no estaban conformes con el regreso de Gregorio XI de Aviñón ni con la personalidad autócrata de su sucesor, Urbano VI, el 20 de septiembre de 1378 eligieron en Fondi como antipapa al cardenal Roberto de Ginebra y se trasladaron con él a Aviñón bajo la tutela de la monarquía francesa. Dos papas se enfrentaban, cada uno con sus seguidores (o como se decía dos obediencias). El gran cisma de Occidente se distinguía de la mayor parte de los precedentes por el hecho de que, por lo menos inmediatamente, no entraban en juego los poderes seculares como, por ejemplo, en los tiempos de Barbarroja: era la mayoría de los legítimos electores la que consideraba como impuesta (por el pueblo de Roma), y por consiguiente inválida, la elección de Urbano VI y sólo reconocía por válida la nueva elección. ¿Cuá era el papa legítimo, Urbano VI o Clemente VII? ¿Quién había de decidir sobre la legitimidad de la elección?

Dos teólogos alemanes que enseñaban en la universidad de París dieron como respuesta: el concilio general. Enrique de Langenstein y Conrado de Gelnhausen expusieron ya en 1379 la tesis de que en la necesidad presente un concilio general que representara a la Iglesia universal, era juez competente lo mismo sobre los cardenales que sobre los dos papas elegidos por ellos. La universidad de París el año 1393, en un memorial redactado en su nombre por Nicolás de Clemanges y dirigido al rey Carlos V de Francia, adoptaba la solución conciliar para el caso de no poder lograrse la abdicación voluntaria de ambos papas o su sumisión a un arbitraje. Dos decenios hubieron de pasar antes de que se pusiera en práctica la solución conciliar, lo que demuestra que la idea madre de la teoría conciliar estaba muy lejos de poseer todavía la fuerza y de gozar de la aceptación que su prehistoria había hecho prever. Sólo cuando hubieron fracasado todas las tentativas para un acuerdo entre los dos papas (el napolitano Bonifacio IX, en Roma desde 1389 y el aragonés Benedicto XIII, en Aviñón desde 1394), así como la renuncia de Francia a su papa aviñonés, que, convencido de sus plenos derechos, se mantenía en sus trece, sólo entonces se pusieron de acuerdo en Liorna 13 cardenales, que se habían desentendido de él y del papa romano Gregorio XII (1406-1415), para convocar en Pisa un concilio general para el 25 de marzo de 1409, a fin de acabar así con el desdichado cisma.

Un concilio en Pisa: tres papas en lugar de dos.

La base jurídica del concilio de Pisa era de lo más insegura por el mero hecho de que por lo menos los cardenales convocantes de *una* obediencia no podían ser legítimos. Y así, dos días antes de la apertura, el 23 de marzo de 1409, el monarca alemán Ruperto del Palatinado elevó en Heidelberg una protesta contra el concilio de Pisa. A pesar de ello, los convocantes obtuvieron un éxito completo. Se hallaron presentes casi cien arzobispos y obispos y numerosos abades, además los procuradores de más de 100 obispos, de 200 abades, de un centenar de cabildos catedralicios y de 13 universidades. La tercera parte de los participantes eran franceses. Se citó a comparecer ante el concilio a Gregorio XII y a Benedicto XIII como cismáticos pertinaces. Al no comparecer, se les trató como rebeldes y el 5 de junio de 1409, ambos quedaron depuestos. Ya en las sesiones precedentes octava y nona el concilio se había declarado ecuménico. Los cardenales presentes, delegados por el concilio, eligieron el 26 de junio al sabio franciscano Pedro Filarghi de Candia, que tomó el nombre de Alejandro V. Detrás de él se dejaba ya notar otra figura, Baltasar Cossa, legado de Bolonia, enérgico y desaprensivo, que ya al año siguiente sucedió al griego con el nombre de Juan XXIII. Al «perverso dualismo», decía un tratado de la época, había sucedido una «malhadada tríada». En efecto, lo mismo Gregorio XII que Benedicto XIII, aun después de la elección de Pisa, mantuvieron su pretensión de ser los legítimos poseedores de la dignidad papal, aunque sus respectivas obediencias habían sufrido una merma considerable. Ambos habían contrapuesto al concilio de Pisa otros dos sínodos con escasos participantes, en Cividale (Friul) y Perpiñán, respectivamente. Por Gregorio sólo se declararon, además del rey Ruperto,

Nápoles, Venecia y el duque Malatesta de Rímini; por Benedicto, la Península Ibérica y Escocia. El «papa del concilio» tenía el mayor número de adherentes, aunque su legitimidad era y siguió siendo dudosa. Así, pues, la primera tentativa de restablecer la unidad de la Iglesia por medio de un concilio terminó en un fracaso.

El rey Segismundo y Juan XXIII convocan el concilio de Constanza.

Si por fin tuvo éxito la tentativa conciliar, el mérito recae en el monarca alemán Segismundo (1410 - 1437). Este soberano, espíritu ágil, aunque caprichoso, demostró en el concilio prodigiosa habilidad y gran perseverancia. Rompiendo con la política de su predecesor, se puso de parte de Juan XXIII y logró que éste le diera — aunque de mala gana — su conformidad para la convocación de un concilio de la unidad en la ciudad alemana de Constanza, a orillas del lago del mismo nombre. El rey anunció su celebración con cartas para toda la cristiandad el 30 de octubre de 1413. Más tarde, el 9 de diciembre del mismo año, lo convocó por su parte Juan XXIII. Mediante negociaciones con los otros dos papas y con casi todos los estados europeos, obtuvo Segismundo una proporción ecuménica de participantes. Incluso el emperador Manuel de Constantinopla había sido invitado.

Juan XXIII consideró al concilio de Constanza como continuación del de Pisa. Esperaba obtener de él la confirmación de su dignidad. Como casi toda Italia había abandonado a Gregorio XII, y los italianos formaban en Constanza la mayoría, no eran del todo malas las perspectivas que se le ofrecían. Pero ya pocos meses después de la apertura acaecida en 5 de noviembre de 1414, comenzaron a soplar otros vientos. Para contrarrestar la mayoría italiana, lograron los ingleses, alemanes y franceses que la votación no se verificara por cabezas, sino por naciones, es decir, que cada una de las «cuatro naciones del concilio» emitiera un voto, independientemente del número de sus miembros. El colegio cardenalicio tendría el quinto.

La votación por naciones fue característica del concilio de Constanza. No se trata, sin embargo, como a primera vista podría creerse, de la aparición del principio de las nacionalidades. Las naciones son en el concilio, algo así como las «naciones» en las universidades medievales, conjuntos condicionados por la política, agrupaciones consultivas y de voto, que pueden reunir a varias nacionalidades. En el concilio la «nación» alemana reunía, además de los alemanes, a los escandinavos, polacos, checos, húngaros, croatas y dálmatas; la inglesa, a los escoceses e irlandeses. En Constanza, como ya antes en Pisa, los obispos y abades presentes eran minoría frente a los procuradores de los ausentes y de las corporaciones eclesiásticas (conventos, cabildos, universidades), juntamente a los doctores en teología y derecho canónico.

Fuga y deposición de Juan XXIII.

Poco después de Navidad se formularon ya en el seno del concilio las primeras acusaciones contra Juan XXIII, cuyo tenor de vida no era ciertamente inmaculado. Viendo que su esperanza de ser confirmado como papa se iba esfumando, se mostró dispuesto a resignar la dignidad, aunque bajo determinadas condiciones. Sin embargo, meditaba ya en secreto el plan de fuga con el fin de dispersar el concilio. Desde antes del concilio había concluido un acuerdo de protección con el duque Federico, del Tirol. Con esta esperanza se fugó a Schaffhausen el 20 de marzo de 1415, disfrazado y caballero «en un pequeño jaco». Siendo como era Juan XXIII formalmente el convocante del concilio, ¿habría éste ahora de disolverse?

Casi parecía así. Muchos adherentes, entre ellos ocho cardenales, le siguieron. Los comerciantes, forasteros o de la localidad, recogieron sus efectos temiendo un saqueo. El burgomaestre llamó a los ciudadanos a las armas. Sólo Segismundo pudo salvar la situación: junto con Ludovico, conde del Palatinado, cabalgó por la ciudad «dirigiéndose a todos los cambistas, fueran o no italianos, y a todos los tenderos y comeerciantes, a todos los cardenales y señores, hizo sonar incesantemente las trompetas, mientras él en persona gritaba que nadie debía escaparse» (Ulrico de Rychenthal). Gerson, canciller de la universidad de París, el 23 de marzo pronunció un gran discurso en el que sacó de la teoría conciliar las consecuencias relativas a la situación: todos los miembros de la Iglesia, incluso el papa, deben obediencia al concilio general. El concilio no puede, es verdad, suprimir la plena potestad del papa, pero puede restringirla, si así lo exige el bien común de la Iglesia.

La unión de Cristo con su Iglesia es indisoluble; no así la del papa.

Tales eran las ideas que recogió el concilio en su famoso decreto del 6 de abril «Sacrosancta» (por la palabra con que comienza): El concilio ecuménico reunido en Constanza lleva la representación de la Iglesia; su autoridad le viene directamente de Cristo; todos, incluso el papa, le deben obediencia en cosas de fe, de la unidad eclesiástica y de reforma de la cabeza y de los miembros.

No se debe perder de vista que este decreto, emanado a raíz de la fuga del papa, se consideró como dictado por la necesidad. Aunque su contenido respondía a la teoría conciliar, sin embargo, ya por entonces topó con la oposición de una parte de los cardenales.

Pedro de Ailly, el tan influyente cardenal francés, no asistió a la sesión, y su colega y compatriota Fillastre se negó a dar lectura al decreto. Éste fue, sin embargo, aprobado por el concilio. Con ello se había superado la crisis más grave. El 17 de mayo Juan XXIII fue llevado prisionero a Radolfzell, y el 29 de mayo se llevó a cabo su deposición.

Resignación de Gregorio XII y deposición de Benedicto XIII.

Todavía seguían en funciones los otros dos papas. El más correcto se mostró Gregorio XII, abandonado por casi todos y motejado con poca gracia por Dietrich von Niem, quien desfiguró su apellido Correr, en latín Corrarius, llamándole Errorius (=error, extravío). Consecuente hasta el fin con su pretensión de ser el legítimo papa y después de haber por su parte legitimado el concilio con una nueva bula de convocación, hizo que su protector Malatesta de Rímini presentara al concilio en la sesión 14 del 4 de julio de 1415, su escritura de resignación. Volvió a incorporarse al colegio cardenalicio y dos años más tarde murió siendo cardenal obispo de Porto.

Mucho más difícil de manejar fue la cuestión del papa aviñonés, Benedicto XIII. Una vez que Francia le hubo abandonado, se transfirió a los territorios de la soberanía del rey de Aragón. En agosto de 1415, Segismundo, en compañía de una delegación del concilio, le hizo una visita en Narbona. Aunque Benedicto no rechazó en principio la abdicación, puso por condición que se anulara el concilio de Pisa y se trasladara el de Constanza a otro lugar que le fuera más grato. Se accedió a la primera demanda, pero no a la segunda. Cuando Segismundo por fin le intimó la abdicación, dio por respuesta (según la crónica de su partidario Martín de Alparti): «Vosotros decís que ni yo ni mi contradictor [Gregorio XII] somos papas. Entonces yo soy el único cardenal [el único cardenal sobreviviente del papa anterior al cisma], y yo sólo tengo derecho a elegir papa. Si queréis, lo elegiré en el plazo de un día, y os doy mi palabra de no elegirme a mí mismo.» A esta exigencia, que demostraba un pensar jurídico riguroso, aunque a la vez rígido, no se accedió tampoco. Cuando Benedicto comprendió que no le quedaba otro recurso que la renuncia, huyó de Perpiñán con algunos de sus partidarios y se refugió en la roca inexpugnable de Peñíscola diciendo: «Aquí está el arca de Noé, la verdadera Iglesia.» Sus partidarios se separaron de él en el tratado de Narbona de 13 de diciembre de 1415, ejemplo què siguieron los reyes de Aragón, Castilla, Navarra y Portugal, que hasta entonces le habían sostenido. España envió representantes al concilio de Constanza, formando así la quinta nación del concilio. Se formó proceso a Benedicto XIII, limitado al único punto de su obstinación en no abdicar, pues por lo demás era una personalidad intachable. Su deposición tuvo lugar el 26 de julio de 1417.

Elección de Martín V.

Con esto quedaba libre la vía para la elección de un nuevo papa. Los cardenales presentes en Constanza se mostraron conformes con una elección por representantes de las naciones. Sin embargo, una gran cuestión estuvo a punto de romper la unión entre los miembros del concilio: ¿Debía decretarse la reforma de la Iglesia antes de la elección e imponer su observancia al futuro papa — como lo exigían las naciones alemana e inglesa, con el apoyo de Segismundo —, o había que liquidar primero el cisma y emprender luego la tarea de la reforma? Hubo tan violento choque de opiniones que no faltó nada para que se disolviese el concilio. Por fin, como los ingleses abandonaron su posición, se vieron los alemanes forzados a ceder. El obispo de Winchester, primo del rey de Inglaterra, propuso una fórmula de compromiso: la elección debía realizarse inmediatamente, aunque antes se harían públicos los decretos de reforma ya ultimados y se impondría al futuro papa por decreto conciliar la continuación de la reforma.

El más importante de los cinco decretos de reforma aprobados en la sesión 39 de 9 de octubre de 1417 fue el decreto «Frequens» — que es su primera palabra — por el que los concilios pasaban a ser una institución estable de la Iglesia y una como suprema instancia con función de supervigilancia de los actos del papado. El próximo concilio habría de celebrarse dentro del espacio de cinco años; el siguiente, siete años después, en adelante, con un intervalo de 10 años. Si se hubiera llevado a ejecución este decreto y se hubieran constituido los concilios en institución permanente, se habría realizado también ineludiblemente la idea revolucionaria fundamental del decreto «Sacrosancta».

El 8 de noviembre de 1417 se reunieron en conclave en la lonja de Constanza los 53 electores, a saber, el colegio cardenalicio reforzado con seis delegados de cada nación conciliar. La esperanza de los franceses de ver elegido a su compatriota Ailly, quedó frustrada. El 11 de noviembre faltó un voto de los dos tercios de mayoría al cardenal Otón Colonna, de la vieja y potente familia patricia romana. Pasó por delante la procesión de rogativas; un coro de varios niños cantó el «Veni Creator». Parecía un coro de ángeles. Entonces, conmovidos hasta las lágrimas, dos cardenales añadieron sus votos a los de Colonna. Conforme al santo del día, se llamó el papa Martín V. «Antes de que la cruz [procesional] llegara de nuevo a la catedral», refiere Ulrico de Richental, «se oyó gritar y aclamar fuera del Conclave: ¡Tenemos Papa, Otón Colonna! Una muchedumbre de hombres y mujeres, seguramente unas ochenta mil personas, se precipitó como un solo hombre ante la lonja». La alegría estaba muy justificada: la Iglesia volvía a tener indudablemente un papa legítimo.

Reformas eclesiásticas y concordatos.

Tras la bien lograda elección quedó de manifiesto la solidez de la idea papal. Desde un principio fue Martín V la cabeza indiscutible de la Iglesia. Sin embargo, no dejaba de ser prudente el atenerse al consejo de cuatro influyentes obispos del concilio, el arzobispo de Milán, el patriarca de Antioquía, el arzobispo de Riga y el obispo de Salísbury, de cuyo anagrama MARS resultó la divisa: Marte gobierna el concilio.

No se puede decir que anduviera tan mal la libertad del concilio. Sin embargo, resultó verdadero el pronóstico de las naciones alemana e inglesa, a saber, que la reforma eclesiástica subsiguiente a la elección a duras penas llegaría a efectuarse. La culpa principal no recae sobre el papa, sino sobre la falta de unión entre los reformadores. En una cosa estaban ciertamente de acuerdo: en restringir en la medida de lo posible la plenitud de potestad del papa, pero disentían en las medidas requeridas para el caso. Los «avisamentos» o desiderata expuestos por las naciones eran de lo más divergentes. Con razón decía el profesor de Viena, Pedro von Pulka: «Por el momento, temo que no se llegue a una seria reforma.» Es cierto que en la sesión 43 de 21 de marzo de 1418 se despacharon 7 decretos de reforma. Entre otras cosas se restringía a 24 el número de cardenales; también se intentó reducir a sus límites anteriores al cisma la intervención del papa en empleos y prebendas (exenciones, incorporaciones), que coartaba en gran manera la acción de los obispos. Sin embargo, los asuntos, con mucho, más graves no se resolvieron en general y en virtud del concilio, sino mediante negociaciones del papa con las diferentes naciones conciliares. Estos «concordatos» de Constanza no eran, como los concordatos modernos, tratados entre la Iglesia y los estados, sino — exceptuando el inglés, que tenía vigor de una vez para siempre — acuerdos quinquenales entre el papa y las naciones del concilio, que iban revestidos de la forma de constituciones papales. Sus extremos solían ser: reconocimiento por el papa de elecciones de obispos y abades, restricción de la reservación de prebendas, restricción de indulgencias; pago de las «annate» (contribuciones a la curia con ocasión de la colación de dignidades). Sin embargo, nadie se hacía ilusiones. La declaración que acompañó a la aprobación de los 7 decretos de reforma y de los concordatos, según la cual quedaba cumplida la resolución tomada antes de la elección del papa, tenían un significado puramente formal. No tardó mucho en evidenciarse que no había quedado satisfecho el anhelo de una verdadera renovación de la Iglesia.

Proceso de Juan Hus.

Precisamente esta renovación de la Iglesia había tenido ante los ojos del profesor de Praga, Juan Hus, de cuya doctrina y persona se ocupó el concilio en la pausa de las negociaciones que siguió a la deposición de Juan XXIII. Su modelo había sido el inglés Juan Wiclef, cuyas 45 tesis fueron condenadas el 4 de mayo de 1414. Como él, viendo las numerosas lacras de que sufría la pobre Iglesia presente, se refugiaba en la iglesia espiritual de los predestinados por Dios, en la que ni el sacerdocio en cuanto ministerio ni la administración objetiva de los sacramentos, sino sólo la posesión del neuma garantizaba la participación en la redención. Personalmente irreprochable, con sus críticas inconsideradas del clero se había malquistado incluso al que había sido su protector, el arzobispo de Praga, pero al mismo tiempo había hallado amplia adhesión entre la nobleza y la población checa. Al concilio correspondía decir la última palabra sobre las enseñanzas de Hus.

Para su viaje a Constanza le había provisto el rey Segismundo de un salvoconducto y se le había levantado la excomunión que pesaba sobre él, pero no la suspensión, es decir, la prohibición de celebrar misa y de predicar. Como Hus transgrediera en Constanza la prohibición, fue arrestado. Ante los jueces designados por el concilio para conocer en su causa, se negó a retractar su doctrina diciendo: «Yo no enseño ningún error; ningún checo es hereje.» El 6 de julio de 1415 se le condenó como a hereje pertinaz y, conforme al derecho vigente, se le entregó para la ejecución al brazo secular. Un año después le siguió a la hoguera su amigo Jerónimo de Praga, quien en un principio se había retractado. La entereza con que se dirigió a la muerte, arrancó al humanista Poggio, que presenció la ejecución, esta sentencia: «Vir praeter fidem egregius» (si se prescinde de la fe, un hombre extraordinario).

En la misma sesión en que se condenó a Hus rechazó el concilio la tesis del franciscano Jean Petit, según la cual era lícito dar muerte a un tirano con astucia y sin respeto al juramento de fidelidad. Esta reprobación del tiranicidio, aunque nacía de presupuestos muy concretos y en función de las condiciones de la época, ha surtido su efecto hasta nuestros tiempos.

«El concilio de Constanza», así concluye su diario el cardenal Fillastre, «fue más difícil de convocar que todos los concilios precedentes, su marcha fue más singular y admirable, pero también más peligrosa; por último, también en duración los sobrepujó.» Tenía razón Fillastre: el concilio de Constanza había durado más que todos los precedentes, que por lo regular habían cumplido su cometido en pocas semanas o meses. Pero este cometido había sido el más arduo que jamás se había presentado a un concilio, con lo cual se explican sus peligrosas concesiones a la teoría conciliar. Fue la asamblea más movida y abigarrada que jamás llevó el nombre de concilio. El trovador Oswaldo de Wolkenstein, al recordar la carestía que reinaba en Constanza, forjó estos versos: «Cuando pienso en el lago de Constanza, siento dolor en la bolsa.» La presencia de 300 cardenales, obispos y abades, la corte de Segismundo y de numerosos príncipes con sus séquitos, en total, a lo que se puede calcular, de 15 a 20.000 forasteros en una ciudad de menos de 10.000 habitantes hubo necesariamente de contribuir a la alza de los precios. En las calles de Constanza se oían todas las lenguas del mundo conocido de entonces. El concilio fue el emporio de la vida intelectual; el humanismo italiano empezó su expedición de conquista, de la que no dejó de reportar botín el rebuscar textos de los clásicos en las bibliotecas de los conventos de la región del lago de Constanza; Poggio encontró a «Plauto en un convento de monjas». Sin embargo, lo más importante fue el restablecimiento de la unidad de la Iglesia, aunque por cierto gravada con una fuerte hipoteca. La teoría conciliar, nacida en la situación apurada de la Iglesia, siguió proliferando, a pesar de no poderse compaginar con la estructura jerárquica de la Iglesia: ésta, si se considera la igualdad de los hombres ante Dios, es democrática, pero no por eso es una democracia.

Martín V no confirmó formalmente los decretos de Constanza, por la sencilla razón de que la mayoría del concilio imbuida de la mentalidad conciliar, difícilmente habría aceptado tal confirmación; la declaración dada por el papa en la sesión 45, según la cual aprobaba todas las decisiones tomadas por el concilio, se refería únicamente al asunto del dominico Juan Falkenberg. Sin embargo, el papa condenó indirectamente la teoría conciliar al prohibir en términos expresos la apelación del papa al concilio. Con todo, se atuvo al decreto «Frequens». Transcurrido el plazo de 5 años, convocó un concilio en Pavía, como se había determinado ya en Constanza, aunque luego lo trasladó a Siena y finalmente lo disolvió, debido al exiguo número de asistentes. Pasados otros siete años convocó, aunque a regañadientes e impresionado por veladas amenazas, un nuevo concilio en Basilea.

Eugenio IV y el concilio de Basilea.

Una explicación entre la potestad primacial del papa y el conciliarismo era inevitable. Pero cabe dudar si habría transcurrido tan dramática y con tantos peligros para el papado, si el sucesor de Martín, Eugenio IV (1431-1447), sobrino del papa dimisionario, Gregorio XII, con toda su religiosidad y benignidad, no hubiera sido tan indeciso y tan entregado a los que le rodeaban. Los obispos no se habían repuesto todavía de la fatiga conciliar. El concilio de Basilea, 17.º ecuménico, fue inaugurado el 23 de julio de 1431 por los representantes del legado pontificio Cesarini, sin que se hallara presente un solo obispo. Hasta el otoño fueron tan escasos los participantes que el papa se creyó en derecho de disolver el concilio el 18 de diciembre. Lo que ya se había temido en Siena, sucedió en Basilea: el concilio rehusó la obediencia. Cuando llegó el momento de publicarse la bula de disolución, abandonaron la sala los conciliares y Cesarini resignó la presidencia. Se renovó el decreto «Sacrosancta» de

Constanza y se intimó al papa revocara la disolución y hasta se pretendió hacerle comparecer para rendir cuentas ante el concilio. El profundo pensador de la época, Nicolás de Cusa, junto al Mosela, escribó entonces en defensa del concilio su «Concordantia Catholica». El concilio gozaba de poderosos protectores, el rey Segismundo y el duque Visconti de Milán.

Dos años duró el conflicto. Eugenio al fin cedió. Una parte de los cardenales había, desde un principio, desaprobado la precipitada disolución del concilio; santa Francisca Romana aconsejaba la revocación. Mes tras mes iba disminuyendo el número de los adictos al papa; el «condottiere» Fortebraccio se lanzaba sobre el estado de la Iglesia. El concilio, en cambio, pudo apuntarse un éxito nada pequeño: los husitas, que con sus correrías depredatorias se habían convertido en flagelo de las tierras circunvecinas y habían derrotado a varios cruzados expedidos contra ellos, el 30 de noviembre de 1433 aceptaron los «Compactados de Praga», que bajo ciertas condiciones les concedían el «cáliz de los legos» y contenían además otras concesiones. Entonces Eugenio IV, el 15 de diciembre de 1433, revocó el edicto de disolución y declaró que el concilio de Basilea debía considerarse como legítimo. Con esto pareció completo el triunfo de los de Basilea.

En el ínterin, el concilio de Basilea había comenzado por poner en práctica la teoría conciliar, constituyéndose en suprema instancia judicial y administrativa de la Iglesia. Se creó oficinas y todo un aparato de funcionarios, entendió en procesos, concedió prebendas e indulgencias. El concilio de Basilea era, todavía en mayor grado que el de Constanza, una asamblea de procuradores y doctores. En una votación del 3 de diciembre de 1436 se hallaron 3 cardenales, 19 obispos y 29 abades frente a otros 303 conciliares; los obispos formaban, por tanto, mucho menos de la décima parte de la asistencia. Quienquiera que se incorporara al concilio, poseía derecho de voto y podía ser elegido para alguna de las cuatro comisiones: de cuestiones generales, de la fe, de la reforma y de la paz. En cuanto al ordenamiento de los negocios se parecía el concilio a un parlamento moderno; asimismo en la tendencia de acaparar más y más negocios y con ello prácticamente la dirección efectiva de la Iglesia.

Estimulado por numerosos dictámenes de reforma, entre ellos uno sumamente original del obispo de Lübeck, Juan Schele, emanó el concilio en los años de 1433 a 1436 decretos de reforma eclesiástica dignos de consideración, que, si se hubiesen puesto en práctica, habrían contribuido notablemente a la renovación de la Iglesia: acerca de la reunión periódica de sínodos provinciales y diocesanos, sobre la liturgia de la Iglesia, contra el concubinato de los clérigos, contra inmotivados recursos a Roma. Otros decretos, en cambio, manifestaban claramente la tendencia a reducir la potestad papal y a posesionarse del ejecutivo, como, por ejemplo, la abolición completa de las «annate» y de todas las tasas que se pagaban a la curia romana, que de este modo perdía la mayor parte de sus ingresos sin ninguna compensación. El concilio invitó a todos los recaudadores papales a dar cuenta de su gestión en Basilea. Se aprobó un nuevo estatuto para la elección papal.

Eugenio IV, que a duras penas había podido escapar de una revolución desencadenada en Roma y residía en Florencia, protestó, en agosto de 1435, por medio del general de los camaldulenses y en la primavera de 1436 por medio de los cardenales Albergati y Cervantes, pero sin resultado. Por fin, la ruptura entre el papa y el concilio sobrevino el verano de 1437 con motivo de la cuestión del lugar en que había de celebrarse el concilio para la unión con los griegos.

Ruptura definitiva entre el papa y el concilio.

El emperador Juan VIII Paleólogo, hostigado al este y al oeste por los otomanos, buscó alianza y ayuda en Occidente, pero juzgaba, y con razón, que para ello se requería la restauración de la comunión eclesiástica con Roma. Sobre ésta trató así con el papa como con el concilio. Como lugar de reunión propuso el concilio Basilea o Aviñón, y Eugenio IV Udine o Florencia. No era un espectáculo edificante el ver cómo de Occidente se dirigían a Constantinopla dos embajadas rivales. Cuando al cabo de largas discusiones, la mayoría, el 7 de mayo de 1437, se decidió por las localidades primeramente mencionadas y la minoría por las segundas, el papa se puso del lado de la minoría. Los griegos aceptaron su propuesta y se pusieron de acuerdo con él sobre la elección de Ferrara, cuya situación les era más favorable. A esta ciudad trasladó el papa el 18 de septiembre el concilio de Basilea. La minoría, entre ellos los cardenales Cesarini y Nicolás de Cusa, obtemperaron al decreto de traslado; la mayoría, en cambio, permaneció en Basilea.

Los conciliaristas radicales lograron imponerse y dejaron de lado toda consideración; declararon dogma de fe la supremacía del concilio sobre el papa y a Eugenio IV, que, como es natural, lo negaba, le depusieron como a hereje el 25 de junio de 1439. El 5 de noviembre del mismo año eligieron en su lugar al duque Amadeo de Saboya (Félix V), personalidad sin tacha, cuyas riquezas le hacían recomendable al concilio que se hallaba en apuros pecuniarios. El mismo conciliarismo que había servido en Constanza para liquidar el gran cisma, condujo en Basilea a otro nuevo, el último en la historia de los papas. Y éste fue su mayor error.

Concilio para la unión con los griegos en Ferrara-Florencia.

Entre tanto un gran éxito de Eugenio IV había consolidado su posición. El 9 de abril de 1438 se había inaugurado en la catedral de Ferrara el concilio para la unión en presencia del papa y de más de 70 obispos occidentales, del emperador bizantino, del patriarca José de Constantinopla, de los arzobispos de Éfeso, Nicea y Kiev, así como de los representantes de los patriarcas de Alejandría, Antioquía y Jerusalén. Las doctrinas controvertidas entre latinos y griegos fueron discutidas en comisiones especiales de esta manera: los griegos exponían sus objeciones contra el punto de vista de los latinos, y éstos respondían. Antes de que se previera un resultado, el papa, falto de dinero — se había encargado de proveer a la subsistencia de los 700 griegos —, se vio obligado a aceptar una oferta pecuniaria de la ciudad de Florencia y a trasladar a ella el concilio (16 de enero de 1439). Allí, en primer lugar, se logró el acuerdo sobre el *filioque* añadido al símbolo de la fe (sobre el que no cesaba de disputarse desde la época carolingia), es decir, sobre la procedencia del Espíritu Santo del Padre y del Hijo. A continuación, tras largas y acaloradas disputas, sobre el más difícil de todos los puntos controvertidos, la doctrina del primado del papa: la sede apostólica y el papa posee el primado sobre toda la tierra; el papa, sucesor de Pedro y vicario de Cristo, es la cabeza de la Iglesia universal, padre y doctor de todos los cristianos, con potestad para regir a toda la Iglesia, conforme a las actas y a los cánones de los antiguos concilios. En realidad, esta última añadidura la entendieron los latinos en sentido explicativo; los griegos, en cambio, en sentido restrictivo *(explicative, restrictive)*. La bula de unión *Laetentur caeli,* cuyo original todavía se conserva, fue leída en latín en la sesión del 6 de julio de 1439 por el cardenal Cesarini, y en su versión griega por el cardenal Besarión, arzobispo de Nicea. La primera llevaba 115 firmas; la segunda, 33, encabezadas por la del emperador.

Un ruso que había acompañado a Florencia al arzobispo de Kiev, Isidro, interpretaba a su manera el júbilo de los latinos: «por haber obtenido el perdón de los griegos». Pero la unión no pudo subsistir por el hecho de que la aversión del clero griego contra los latinos eran aún más fuerte que su miedo a los otomanos. Cuando Mahomet II el Conquistador atacó a Constantinopla en 1453, no reaccionó el Occidente para emprender una acción en común.

Tampoco la unión concluida con los armenios (22 de noviembre de 1439) y con los monofisitas (1442) lograron abarcar en su totalidad a estas Iglesias autocéfalas de Oriente. El 25 de abril de 1442 fue transferido el concilio a Roma.

Composición del cisma de Basilea.

El logro de la unión con los griegos había sido para Eugenio IV una victoria en su conflicto con el concilio de Basilea, pero distaba mucho de ser una victoria definitiva. El partido del antipapa era en realidad exiguo, pues se limitaba a Suiza, Austria, una parte de Baviera, la universidad de París y algunas otras universidades. Mucho más peligrosa era la neutralidad de Francia y de Alemania. Ya en mayo y junio de 1438 una asamblea nacional francesa en Bourges había acordado mantenerse neutral en el conflicto entre el papa y el concilio, y al mismo tiempo había puesto arbitrariamente en vigor parte de los decretos de reforma de Basilea (pragmática sanción de Bourges), reconociendo con este acto la supremacía del concilio sobre el papa. Los príncipes electores de Alemania se habían declarado neutrales en Francfort; un año después el episcopado alemán, siguiendo el ejemplo de los franceses, reconoció fuerza de ley a parte de los decretos de Basilea (instrumento de aceptación de Maguncia, 1439). Inglaterra, Borgoña y Venecia se mantenían fieles al papa.

El mayor peligro procedía, pues, no ya del cisma en cuanto tal, sino de la neutralidad, basada en la teoría conciliar. Pero aquel concilio amputado, al acentuar más y más su radicalismo, se dio a sí mismo la sentencia de muerte. Apretado por dificultades pecuniarias, se transfirió a Lausana, donde residía el antipapa. Los países, unos tras otro, fueron volviendo a la obediencia de Eugenio IV: Hungría, Aragón, Castilla, Escocia, Polonia. Eneas Silvio Piccolomini, que había sido secretario del concilio y había entrado al servicio del emperador Federico III, logró ganar para Eugenio a su soberano. En la dieta de Francfort de 1446 viraron los alemanes y concluyeron con el papa los llamados concordatos de Francfort contra la garantía de que se convocaría en una ciudad alemana un nuevo y «tercer» concilio. A estos acuerdos siguió como resultado definitivo el concordato de Viena de 17 de febrero de 1448, concluido con el sucesor de Eugenio, Nicolás V. Tenía semejanza con el concordato de Constanza, con la diferencia de ser perpetuo. Una vez que Francia hubo abandonado su actitud neutral, Félix V renunció el 7 de abril de 1449.

Eugenio IV debió su triunfo definitivo sobre el concilio de Basilea no menos que a las torpezas de éste, al cambio de actitud de las potencias occidentales, que veían con inquietud el radicalismo de los cismáticos. En el colegio cardenalicio le asistía toda una serie de hombres excepcionales: Cesarini, en otro tiempo presidente del concilio; Albergati, Capránica, Nicolás de Cusa, los cardenales Vitelleschi y Scarampo habían reforzado su posición en el estado de la Iglesia; en la gran «Suma sobre la Iglesia» del cardenal Torquemada salía a flote la restauración de la idea primacial. Sin embargo, no estaba superada todavía la teoría conciliar, debido principalmente a que concilio y reforma seguían íntimamente ligados en la mentalidad de la época.

Supervivencia de la idea conciliar.

Por más que sucumban los patrocinadores de una idea, la idea misma no desaparece del campo de la historia hasta ser superada en el terreno ideológico. El conciliarismo moderado tuvo como defensor al más grande canonista de la época, Nicolás Tudeschi, arzobispo de Palermo (de ahí «el Panormitano»). Se enseñaba también en muchas universidades. Era una manera de pensar sobre la Iglesia. Muchos, por cierto no los peores, tenían por imposible una reforma de la Iglesia sin el concilio. El cartujo Jacobo de Jüterbogk decía que el papa solo no lograría nunca reformar a la Iglesia. El dominico Andrés Zamometic intentó el año 1482 resucitar el concilio de Basilea, que no se había concluido formalmente; fue una tentativa desesperada de un aventurero, que hubo de fracasar. Pero no fue el papado el que emprendió el único camino que conducía a la ruina del conciliarismo, a saber, aplicarse con toda seriedad a la reforma, todavía pendiente, de la Iglesia. Los méritos que se granjeó el papado del renacimiento en el terreno cultural son ciertamente dignos de admiración, pero no podían colmar esta laguna, tanto más que paralelamente fue aumentando el fiscalismo de la curia produciéndose a la vez innegables casos de corrupción.

Por otra parte, como la amenaza de concilio se había convertido en arma corriente de la política, se comprende la aversión creciente de los papas contra la organización de concilios. Luis XI de Francia y Podiebrad de Bohemia utilizaron esta amenaza contra Paulo II y Sixto IV, Carlos VIII de Francia y Fernando de Aragón contra Alejandro VI. Pero el primero que la puso en práctica fue Luis XII de Francia, quien, en guerra con Julio II, se sirvió de algunos cardenales de la oposición para reunir en 1511 un concilio antipapal en Pisa, el llamado conciliábulo de Pisa. Los participantes eran exclusivamente franceses y el rey de Francia su único sólido apoyo. De poco les sirvió renovar los conocidos decretos de Constanza. A principios de 1512 hubo de trasladarse la asamblea a Milán. El conciliábulo de Pisa habría caído en el olvido si no hubiera dado pie a Julio II (1503-1513) para convocar por su parte un concilio general el 19 de abril de 1512. Fue éste el quinto concilio de Letrán (1512-1517).

Un quinto concilio de Letrán.

El último concilio de Letrán, que cuenta como el 18.º ecuménico, tenía plena conciencia de continuar la serie de los concilios papales de la alta edad media, distanciándose así de los dos concilios del siglo precedente. Tenido en Roma, a los ojos del papa y bajo su presidencia, estaba compuesto casi exclusivamente de obispos italianos. En la sesión de apertura de 10 de mayo de 1512 se contaban 15 cardenales y 79 obispos. El papa mismo estableció el reglamento de sesiones y nombró a los funcionarios. Los decretos adoptaron la forma de bulas papales.

Con relativa facilidad logró su objetivo preliminar de desvirtuar al anticoncilio de Pisa. Desde las sesiones segunda y tercera (17 de mayo y 3 de diciembre de 1512) los reyes de Inglaterra y Aragón, lo mismo que el emperador Maximiliano, tomaron partido por

Roma declarándose contra el concilio de Pisa. El rey de Francia, Luis XII, lo abandonó a la muerte de su adversario, Julio II (21 de febrero de 1513) y los cardenales disidentes se sometieron al nuevo papa, León X. Las relaciones entre el pontificado y Francia fueron nuevamente reguladas por un concordato de 1516, que fue aprobado por el concilio en la undécima sesión de 19 de diciembre del mismo año.

La única definición dogmática del quinto concilio de Letrán fue la de la inmortalidad individual del alma, dirigida en la sesión octava (19 de diciembre de 1513) contra el filósofo Pedro Pomponazzi, aunque sin mencionar su nombre.

La cuestión capital había sido y seguía siendo ésta: ¿Tendría el concilio ánimos y voluntad de emprender una reforma verdaderamente seria de la Iglesia? El general de los agustinos, Egidio de Viterbo, había dicho en su alocución inaugural: «Lo santo debe transformar a los hombres; no son los hombres quienes deben reformar lo santo.» Dos venecianos, los camaldulenses Giustiniani y Quirini dirigieron el año 1513 un memorial de reforma a León X poco después de su elección, un alegato sin contemplaciones que no tenía igual y que, lejos de ser una pura crítica, estaba repleto de proyectos positivos: revisión de la legislación eclesiástica, unificación de la vida monástica y de la liturgia; reanudación de las negociaciones de unión con las iglesias orientales y hasta proyectos de misión en las tierras recién descubiertas del Nuevo Mundo.

Las aspiraciones del quinto concilio de Letrán fueron más modestas. Emanó algunos decretos muy útiles de reforma: en la sesión 8.ª, sobre el sistema de contribuciones de la curia; en la 9.ª (5 de mayo de 1514), sobre la elección de los obispos, la enseñanza del catecismo y la seguridad de los bienes de la Iglesia; en la 10.ª (4 de mayo de 1515), sobre los «montes de piedad», casas de préstamos de utilidad común, tan necesarias en los albores del capitalismo, y sobre la censura de libros; en la 11.ª, sobre la predicación. En las deliberaciones sobre esta última, el descontento de los obispos por los privilegios de las órdenes mendicantes se desató en violentas quejas y acusaciones. Pero mirando en conjunto, hay que reconocer que el concilio no obró con mano fuerte — sin la que era inútil pensar en reformas — precisamente respecto a los males más graves. Entre éstos se contaban la acumulación de prebendas en una misma persona, el descuido de la obligación de residencia, el abandono y la despreocupación de tantos dignatarios eclesiásticos. El combustible que se había acumulado principalmente en el norte, nadie pensó en neutralizarlo. Ni se cumplió lo que reclamaba un memorial español. «El juicio debe comenzar por la casa del Señor.» Ni siquiera tuvo vitalidad ni eficacia el modesto contenido de los decretos de Letrán. En realidad faltaba la voluntad consecuente de ponerlos en práctica, sin abrirles brechas con dispensas concedidas a la ligera. León x, hijo de Lorenzo el Magnífico, no tenía temple de reformador. En un mundo cambiado no era ya posible dar vida a los sínodos lateranenses de la edad media. El quinto concilio de Letrán se dio por concluido el 16 de marzo de 1517: el 31 de octubre del mismo año Martín Lutero clavaba sus 95 tesis en el portal de la iglesia en la plaza de Wittenberg.

Cuarta parte

RUPTURA DE LA UNIDAD DE LA FE Y CONCILIO DE TRENTO

«Todos claman: ¡Concilio, concilio!», informaba el nuncio pontificio desde la dieta de Worms (1521), en la que se estaba tratando el asunto de Lutero. El joven agustino, después del frustrado interrogatorio de Augsburgo por el cardenal legado Tomás de Vio, de Gaeta (1518), y mientras todavía estaba pendiente el proceso, había apelado al papa mejor informado y al concilio general. Olvidaba que Martín V había prohibido tales apelaciones, y que Pío II, Sixto IV y Julio II habían reiterado la prohibición, reforzándola con la cláusula de invalidez. Una vez más, siguiendo el consejo de los jurisconsultos de Wittenberg, había vuelto Lutero a apelar al concilio, al tener noticia de la bula «Exsurge, Domine» de 15 de junio de 1520, conminatoria de excomunión. En este caso debió de ser la apelación sólo una estratagema procesal, pues un año antes, en la disputa de Leipzig con Juan Eck había calificado de injusto y de falso el juicio del concilio de Constanza sobre Juan Hus, y al verse en aprieto, había asegurado que incluso los concilios podían equivocarse. Por entonces era ya para él única norma de fe la Sagrada Escritura *(sola Scriptura)*.

Creía firmemente en la utilidad de concilios de reforma. El mismo año 1520 salió su libro «A la nobleza cristiana de la nación alemana». En él incitaba a la «nobleza», es decir, a los príncipes y a las corporaciones seculares, a emprender personalmente la reforma de la Iglesia y, si era necesario, por medio de un concilio. «Por eso, cuando la necesidad lo exija y el papa dé escándalo a la cristiandad, el que mejor pueda, como miembro fiel del cuerpo total, debe procurar haya un concilio completamente libre, cosa que nadie como el poder secular puede llevar a cabo.» Lutero trazó un amplio programa de reforma para un concilio futuro, cuyas críticas de la curia romana y de los demás desórdenes de la Iglesia tenían no pocos puntos de contacto con anteriores escritos de reforma; sin embargo, se distinguían de ellos por atribuir los males de la Iglesia no tanto a la falta de moralidad de los hombres cuanto a la falsificación del verdadero Evangelio, de la que a su parecer eran culpables en primer lugar el papado y la escolástica aristotélica. Lo que él llamaba «reforma» era algo distinto de los conatos de reforma de la alta edad media, incluso de los conciliaristas. Cuando salga a la luz de la obscuridad en que —según Lutero— se encuentra el Evangelio, cuando se proclame la justificación por sola la fe, entonces recuperará la Iglesia su «forma» genuina, entonces quedará «reformada».

La mencionada condenación por el papa de las 41 tesis tomadas de los escritos de Lutero no contó para muchos, que todavía estaban bajo el influjo de la teoría conciliar, como la última palabra de la Iglesia; esta palabra sólo un concilio general la podía pronunciar. «Lutero ha estado y sigue estando en la Iglesia; sólo se le puede excluir de ella en un concilio que le condene legalmente.» Esta glosa del síndico de Augsburgo, Conrado Peutinger, traducía el pensamiento de vastos sectores no sólo del mundo, sino también de la Iglesia. Sin embargo, hubo de pasar casi una generación antes de que se reuniera un concilio. Las causas de la dilación se debieron no sólo al cambio que se había operado en la idea del concilio, circunstancia que inspiraba prudencia y reserva a los papas, sino también a la lucha por la hegemonía entre los Habsburgos y Francia.

Un «concilio general, libre, cristiano en tierra alemana».

La solución conciliar no obtuvo efecto en la dieta de Worms, no sólo porque Lutero se negó a someterse incondicionalmente a la decisión de un concilio general, sino también porque el representante del papa, el nuncio Aleander, no se prestaba a tal solución, bien que por motivos muy distintos. Sin embargo, la convicción de que sólo un concilio general era competente para emitir un juicio definitivo sobre la verdad y el error en la doctrina de Lutero, estaba tan difundida que en la ulterior dieta de Nurenberg todos los estados de la nación, católicos o partidarios de Lutero, reclamaron un «concilio general, libre, cristiano en tierra alemana».

La fórmula parecía anodina, pero tras ella se ocultaban, por lo menos en la mente de los luteranos, exigencias, que no podían menos de causar graves inquietudes en Roma. Por «libre» se extendía «libre de la intervención del papa» : como el papa era parte en la causa de Lutero, no debía convocar ni dirigir el concilio ; el emperador era quien debía convocarlo juntamente con los príncipes cristianos. «Cristiano» significaba que en tal concilio habían de participar y decidir no sólo obispos y clérigos, sino también seglares, y que se había de proceder «cristianamente», es decir, que se había de juzgar únicamente según el criterio de la Sagrada Escritura. La razón de deberse celebrar en territorio alemán era que el conflicto a dirimir había surgido en Alemania : por la misma razón se habían tenido en Oriente los viejos concilios de los primeros siglos. Como se ve, esta interpretación de la fórmula de Nurenberg rebasaba con mucho las variaciones que había experimentado el concepto de ecumenicidad a lo largo de la alta y baja edad media. A la luz de la historia de los concilios aparece como revolucionaria.

Así se explica que la fórmula topara en Roma con graves reparos. Era papa entonces Clemente VII (1523-1534), primo de León X. Compartía la aversión de sus predecesores hacia los concilios, no sólo recordando los acontecimientos de Constanza y Basilea —que envuelven en espesas sombras toda la prehistoria del concilio de Trento—, sino además por motivos personales, que no se referían a su conducta moral, sino a su ilegítimo nacimiento. Mientras vivió, trató siempre de desviar y esquivar los reclamos al concilio, aunque sin pronunciar nunca un no rotundo. Esperaba poder contrarrestar por otros medios el movimiento de apostasía: creía en la magia del arte diplomático.

Poco trabajo le costó impedir el concilio nacional alemán, que, en vista de la evidente pasividad de Roma, en la segunda dieta de Nurenberg de 1524 se había convocado para Spira: el emperador lo prohibió sin más. Sin embargo, en lo sucesivo, el emperador, joven y guiado políticamente por su gran canciller Gattinara, se convirtió en el más acérrimo propugnador de la solución conciliar. En este sentido se expresa en sus memorias, escritas en tercera persona: «El emperador, desde que por primera vez estuvo en Italia y se encontró con el papa Clemente, no cesó nunca de urgir, por sí mismo o por sus ministros, la celebración de un concilio general, lo mismo en todas sus entrevistas con los papas Clemente y Paulo que en todas las dietas del imperio que celebró y en todo tiempo y circunstancia.» En esto decía verdad. Cuando Carlos, en 1530, obtuvo en Bolonia la corona imperial en su viaje de España a Alemania, arrancó al papa su consentimiento para un concilio con una condición, a saber, en el caso en que no se lograra el acuerdo que se estaba procurando con los protestantes. En realidad no se logró en la gran dieta de Augsburgo. Sin embargo, tuvieron tanta fuerza para Clemente VII los reparos contra el concilio en comparación con las ventajas, que puso a su convocación toda clase de condiciones. Las negociaciones entabladas naufragaron. El papa halló apoyo en Francisco I de Francia, para quien un concilio que resolviera el cisma religioso en Alemania significaba un aumento del poder de su adversario Carlos, que tanto recelaba.

En la primavera del año 1536, con ocasión de una visita a Roma del emperador, el sucesor del segundo papa Médicis, Paulo III (1534-1549), de la casa Farnese, le dio definitivamente su consentimiento y poco después, el 2 de junio del mismo año, convocó efectivamente el concilio. Aun entonces mantuvo Francia su actitud de repulsa o por lo menos de expectativa. El prudentísimo papa Farnese, al que mejor que cualquier palabra escrita caracterizan los incomparables retratos de Tiziano, hacía mucho que había comprendido que ya no se podía resistir por más tiempo a la presión de la opinión pública. Concilio y reforma eclesiástica constituían los puntos principales de su programa de gobierno, aunque cuanto más corrían los años, tanto más claramente se hacía cargo de las arriesgadas contingencias de un concilio y de los sacrificios que exigía al papa una reforma tomada en serio, por todo lo cual estaba cada vez más indeciso en su actitud general. Sólo con alguna restricción se le puede llamar el primer papa de la reforma católica.

El fracaso de Mantua-Vicenza.

La primera convocación del concilio para el 23 de mayo de 1537 en Mantua, que, como feudo del imperio, en cierto modo respondía a la condición impuesta por el emperador, fue un golpe en falso. Por una parte, volvió a estallar la guerra entre Carlos V y Francisco I, lo cual invalidaba de nuevo el débil consentimiento dado por Francia. Por otra parte, el duque de Mantua exigió para albergar al concilio en su corte que el papa formara y costeara una enorme guardia del concilio (de cinco a seis mil hombres). Por estas razones, tras unas conversaciones con los venecianos, el 8 de octubre de 1537 transfirió el papa el concilio a Vicenza. A pesar de haber sido nombrados tres legados pontificios, los cardenales Campeggio, Simonetta y Aleander, y de haberse encaminado a Vicenza, fueron contados los participantes en el concilio, incluso de Italia. Algunos enviados de obispos alemanes llegaron y en seguida emprendieron la vuelta; los protestantes alemanes, unidos política y militarmente en la liga de Esmalcalda desde 1531, rechazaron bruscamente la invitación que les transmitió el nuncio Pedro van der Vorst. La inauguración del concilio se iba difiriendo de una fecha a otra hasta que por fin el 21 de mayo de 1539 quedó aplazada *sine die*.

El rey Enrique VIII de Inglaterra, que con sus actos de supremacía de 1534 se había separado de la Iglesia romana, quedó altamente satisfecho de este resultado, pues temía que llegara a formarse en el concilio una liga continental dirigida contra él. Profundamente descorazonados quedaron, en cambio, los católicos alemanes, que iban disminuyendo a ojos vistas. Entre los protestantes se decía abiertamente que al papa le tenía completamente sin cuidado el concilio y que lo que quería era — así se lo achacaba el luterano Corvinus — «dejar con un palmo de narices a los reyes y al mundo entero».

Ciertamente no quería esto el papa. Precisamente con miras al proyectado concilio había convocado en Roma por el otoño de 1536 una comisión para la reforma, constituida por nueve prelados, entre ellos los recién nombrados cardenales Contarini y Carafa. La comisión presentó el 9 de marzo de 1537 un dictamen «sobre la purificación de la Iglesia», que en claridad no dejaba nada que desear y recomendaba las medidas más radicales respecto al sistema burocrático de la curia y a toda la vida eclesiástica. Se formaron subcomisiones para la reforma de la cancillería pontificia y de la cámara, de la penitenciaría y de la dataría, que era objeto de los más violentos ataques. El motivo no deja lugar a la menor duda: se quería comenzar por la «reforma de la cabeza», antes de que el concilio manifestara esta pretensión y se lanzara por el camino que en Basilea había conducido al cisma.

Coloquio religioso en vez de concilio.

Una vez más intentó el emperador, no por encargo del papa, sino con su tolerancia, llegar a una inteligencia con los protestantes mediante un coloquio religioso. Las condiciones eran más favorables que nunca. Los razonamientos del senescente Erasmo († 1536) no habían errado el golpe: muchos erasmianos ocupaban cancillerías de príncipes y sedes episcopales. Paulo III envió a Ratisbona al cardenal Contarini, sinceramente deseoso de un acuerdo. Una vez más naufragó el proyecto de unión, y no precisamente porque tanto Roma como Lutero rechazaron la fórmula de compromiso sobre la justificación (el hombre es justificado mediante la justicia de Cristo y la justicia comunicada al hombre), sino en definitiva por el diferente concepto de Iglesia de ambas partes. Como los protestantes repudiaran la doctrina de la transubstanciación eucarística definida por el cuarto concilio de Letrán, observó el cardenal Contarini que toda ulterior concesión no sería más que una «concordia en apariencia» (concordia palliata).

Con un golpe de vista histórico es fácil decir que en Ratisbona se intentó lo imposible. Pero ¿no era la unidad de la Iglesia un bien tan apreciable y no era tan perentoria la voluntad de Cristo de que todos sus discípulos fueran unos, que no se debieran agotar hasta las últimas posibilidades?

Primera convocación en Trento (1542).

Inmediatamente después de la ruptura de las negociaciones para la unión en Ratisbona, Paulo III, seriamente preocupado por la penetración del protestantismo en Italia, reasumió el proyecto de concilio. Su nuncio Morone, el diplomático más hábil de la curia, se puso de acuerdo en Spira con los estados del reino acerca del lugar del concilio. Trento pertenecía al imperio, pero era fácilmente accesible a los italianos y era ciudad italiana en su mayoría. Aunque respondía, pues, a las exigencias de los estados, el papa no la aceptó sin escrúpulos. Señor de la ciudad era el príncipe-obispo, cardenal Cristóbal Madruzzo. De su viaje a Italia nos legó Alberto Durero un retrato de la ciudad: coronada por un potente castillo episcopal, ampliado con un ala del renacimiento, la ciudad que por entonces contaba poco más de 6 000 habitantes, podía en caso de necesidad acoger a un centenar o más de obispos y a los enviados de las potencias con su acompañamiento; pero cuando, en el tercer período del concilio, aumentó notablemente el número de los miembros, entonces fue cuando comenzó a sentirse estrechez.

La segunda convocación del concilio, por primera vez en Trento, no dio tampoco resultado. Dos semanas después de la publicación de la bula de convocación (22 de mayo de 1542), declaró Francisco I la guerra al emperador. Los legados pontificios esperaron en vano que fuera aumentando la asistencia. Por fin, el papa y el emperador, en un encuentro en Busseto, cerca de Parma, en 1543, decidieron de común acuerdo diferir el concilio. La guerra continuaba. El emperador, que necesitaba la ayuda de los protestantes, se vio obligado en la dieta de Spira, el verano de 1544, a hacerles concesiones que produjeron cierta tirantez de relaciones entre Roma y la corte imperial. El papa, en un breve monitorio, advirtió al emperador precaviéndole con el recuerdo de las grandes luchas de la edad media entre el pontificado y el imperio. Cuando recibió el breve el emperador, habían cambiado ya las circunstancias. El tratado de paz de Crépy de septiembre de 1544 volvía a allanar el camino al concilio; en una cláusula secreta Francisco I daba su conformidad para la apertura del concilio en Trento y se comprometía a enviar representantes de Francia. El 19 de noviembre derogó el papa la suspensión del concilio y lo convocó para la domínica Laetare (15 de marzo) de 1545 en Trento. Más aún: a comienzos del verano de 1545 se pusieron de acuerdo el papa y el emperador para una acción común contra los protestantes alemanes. En primer lugar se trató de destruir la fuerza militar de la liga de Esmalcalda; luego se pensó en una posible participación de los protestantes en el concilio. Sería esto parte de un vasto plan de restauración de la unidad de la fe.

La guerra de Esmalcalda y el concilio de Trento (1545-1547).

En realidad no se pudieron mantener las etapas prefijadas. El emperador comenzó con retraso la guerra (julio de 1546, motivada por haberse negado los protestantes a participar en el concilio, que había ya comenzado hacía medio año. En efecto, se había inaugurado el 13 de diciembre de 1545, con la asistencia de sólo 31 obispos, en su mayoría italianos. La dirección estaba encomendada a tres legados pontificios: el cardenal del Monte, que por derecho de antigüedad en el rango quedaba a la cabeza de la asamblea, el erudito Cervini, corazón del concilio como hombre de confianza del papa, y el inglés Pole, que hubo de pagar con el destierro su oposición a los actos de supremacía de Enrique VIII.

El 22 de enero de 1546 se había resuelto tratar paralelamente los dos asuntos principales del concilio, mencionados ya en la bula de convocación, a saber, la fijación del dogma católico y la reforma de la Iglesia. En la cuarta sesión de 4 de abril se había emanado una declaración de principio que había de ser decisiva para toda la marcha del concilio: debía aceptarse la tradición apostólica con la misma devoción *(pari pietatis affectu)* que la Sagrada Escritura, cuyo canon se estableció simultáneamente. En la misma sesión se declaró auténtica, es decir, suficiente para la demostración dogmática, la versión latina corriente de la Biblia, la «Vulgata» de san Jerónimo. Con lo cual no pretendía el concilio declarar ocioso o impedir el estudio de los idiomas originales del sagrado texto.

El concilio se había asignado además su propia forma, que se alejaba notablemente del estatuto de los concilios del siglo quince. Sólo los obispos, los generales de órdenes religiosas y los representantes de congregaciones monásticas (no sus procuradores ni los representantes de corporaciones eclesiásticas, como cabildos catedrales y universidades), tenían derecho al voto; voto que habría de emitirse por cabezas y no por naciones. A pesar de que el concilio tenía la «representación» de la Iglesia universal, y esto en virtud de su convocación, que era también la opinión de los legados, sin embargo no se accedió a las instancias de los españoles y de algunos italianos de hacer preceder a los decretos la fórmula ritual de los concilios de Constanza y Basilea. Las negociaciones procedían por grados. La gradación era triple: había en primer lugar las «congregaciones de teólogos», que en definitiva servían para informar a los prelados con derecho al voto. Estaban compuestas por competentes teólogos sin dignidad episcopal, que se extendían en discursos sobre los temas en cuestión. En ellas pudo oírse la voz de luminares de la teología de entonces, como el dominico Domingo Soto y el franciscano Alfonso de Castro. Constituía el segundo grado la congregación general de todos los prelados con derecho al voto, que se reunían en un principio en la sala de la residencia de los legados, el «palazzo» Prato, y más tarde, cuando creció el número de participantes, en la iglesia renacentista de Santa María Maggiore. En estas reuniones daba cada uno su «votum» sobre las cuestiones dogmáticas o de reforma, originándose a menudo animados debates. La formulación de los decretos estaba encargada a delegaciones elegidas al efecto, aunque a veces asumían este papel los legados, asesorados por técnicos. En las sesiones solemnes, que se celebraban en la catedral románica de San Vigilio, se limitaban a votar sobre los decretos presentados ya en forma definitiva. Su ceremonial litúrgico era sustancialmente el mismo del concilio de Viena. Actuaba como secretario del concilio el diligente Angel Massarelli, que redactó con la mayor solicitud los protocolos que se conservan en el archivo Vaticano, así como también siete diarios.

El derecho de proposición, es decir, la determinación de la orden del día, competía a los legados; sin embargo, todos los miembros, así como los enviados de las potencias acreditados cerca del concilio, podían presentar ponencias a la dirección.

A pesar de la exigencia del emperador, formulada por su enviado Francisco de Toledo, de que se difiriera la deliberación dogmática, los legados, para evitar brechas entre los conciliares, continuaron sin tregua las negociaciones. En la sesión quinta del 17 de junio de

1546, se aprobó el decreto sobre el pecado original, dirigido en primer lugar contra los pelagianos, pero también contra la tesis protestante de la permanencia del pecado original después del bautismo. Un decreto de reforma otorgó a los obispos el derecho de vigilancia sobre los predicadores, incluso de las órdenes exentas. Cuando acababa de comenzarse el debate sobre el artículo principal, el de la justificación, las primeras operaciones de la guerra de Esmalcalda pusieron en tela de juicio la subsistencia del concilio en Trento.

En Trento se tuvo noticia de que las tropas protestantes de Schärtlin habían ocupado el desfiladero de Ehrenberg y amenazaban tomar los pasos de los Alpes. El pánico estalló entre los italianos, que aun sin eso habían acudido de mala gana a Trento. A duras penas lograron los legados, apoyados por Madruzzo, mantener reunido el concilio. Aunque gemían bajo la constante presión del emperador, no se permitieron, sin antes consultar al papa, hacer uso del derecho que les asistía de transferir a otra parte el concilio.

La justificación y el concepto sacramental.

Los rumores de un inminente transferimiento del concilio al centro de Italia habían llegado a oídos del emperador, que hacía recaer la responsabilidad en el cardenal Cervini, el hombre de confianza del papa, como se creía y en realidad era. Sin embargo, el proyecto de transferimiento quedó sin objeto al lograr el emperador, secundado por tropas pontificias, restablecer la situación militar. A fines de septiembre se reanudó el debate sobre la justificación, en el que se discutieron a fondo cuestiones especiales, como el grado de certeza de la gracia o de la salvación, y el problema de la doble justificación, que se habían puesto sobre el tapete en Ratisbona. Por fin, tras revisión del decreto, su tercer esquema, a cuya elaboración se habían aplicado intensamente el cardenal Cervini y el general de los agustinos, Seripando, obtuvo en la sesión sexta del 7 de enero de 1547 la casi unánime aprobación del concilio. La doctrina católica de la justificación se expuso en forma positiva en 16 capítulos doctrinales; en 33 cánones a ellos subordinados se condenaban los errores contrarios. Los dos puntos decisivos eran: 1) la cooperación de la voluntad humana con la gracia divina que penetra todo el proceso de la justificación, con lo cual resulta posible el mérito por parte del hombre; 2) la santificación interior del hombre (en oposición con la pura justicia putativa) por medio de la gracia santificante. Con razón se ha dicho que la ruptura de la unidad de la fe se hubiera podido evitar o que, por lo menos, hubiera tomado otro sesgo, si este decreto de la justificación hubiera emanado ya del quinto concilio de Letrán.

Si se piensa en la unanimidad moral con que se precisó la doctrina católica de la justificación en contraposición con la protestante, la cuestión de la reforma se distinguió por una marcada diversidad de pareceres entre el grupo hispano-imperial y la mayoría italiana. Una de las más graves lacras de la vida eclesiástica consistía en que obispos y párrocos no cumplían personalmente, sino por delegados, las obligaciones de su función. Ya en mayo de 1546 habían solicitado los españoles un debate sobre la obligación de residencia; a primeros de julio varios prelados, entre ellos uno de los tres franceses presentes en el concilio, habían presentado a los legados memoriales sobre los impedimentos de la residencia, o sea sobre todo el conjunto de obstáculos que de arriba y abajo, por parte de la curia y del estado, se ponían a la acción episcopal. En la sexta sesión se presentó a votación un decreto sobre la obligación de residencia, que sancionaba con penas una ausencia no justificada de seis meses.

Esto eran sólo «paños calientes». Se seguían ignorando las reclamaciones, en gran parte justificadas, de los obispos. Al contar los votos se observó que de los 60 obispos votantes sólo 28 habían votado con un sí incondicional. Por fin, el 25 de febrero, después de un análisis pormenorizado de los votos emitidos, pudo darse por aprobado el decreto, no sin antes asegurar a la oposición que se trataría de las mencionadas reclamaciones. Otro decreto de reforma, que fue aprobado en la sesión séptima de 3 de marzo, con los votos en contra de cuatro españoles, prohibía la acumulación de varios obispados en una sola persona, que había sido precisamente una de las causas de descuidar la obligación de residencia; el mismo decreto echaba las bases para una nueva reglamentación de la potestad de orden y de jurisdicción. En la misma sesión se aprobó por unanimidad un decreto sobre los sacramentos en general (número de siete, eficacia objetiva aneja a la posición del signo exterior) y sobre los sacramentos del bautismo y de la confirmación. La substancia de este decreto es la doctrina de que los sacramentos confieren la gracia en virtud de la ejecución del rito *(ex opere operato)*, no sólo por la fe en palabra y en la promesa divina.

A esta sazón estaban presentes en el concilio 64 obispos y 7 superiores de órdenes. Los trabajos seguían su curso sin que nada hiciera prever la catástrofe que amenazaba.

Traslado a Bolonia.

El 6 de marzo falleció en lo mejor de la edad, tras corta enfermedad, el obispo de Capaccio en el reino de Nápoles. Los días sucesivos se multiplicaron los casos de enfermedad y de muerte. El médico del concilio, Fracastoro, que el año anterior había compuesto un libro con nuevas orientaciones sobre las enfermedades infecciosas, diagnosticó acertadamente: se trataba de casos de tifus exantemático, traído probablemente por los soldados repatriados de Alemania. Los imperiales negaron la existencia del peligro, pero los legados, y con ellos la mayoría del concilio, creyeron llegado el momento de abandonar Trento y librarse de la férula del emperador. En la sesión octava de 11 de marzo de 1547 decidieron transferir el concilio a Bolonia, segunda ciudad del estado de la Iglesia. Una minoría de 14 obispos protestó. Uno de ellos dijo: «El desplazamiento del concilio pone en peligro la vuelta al redil de los alemanes descarriados, la paz y la unidad de la Iglesia.»

El gran plan que el papa y el emperador habían trazado como base de acción en común era: primero la guerra, después el concilio. Ahora bien, desde fines del año 1546 y principios del 47 apuntaba la inminente victoria del emperador. Las tropas de Esmalcalda, que en las postrimerías del otoño se habían enfrentado con las armas imperiales en la Alemania del sur, se retiraban por falta de recursos, y las ciudades, una tras otra, se iban rindiendo al emperador: Ulm, Francfort, Augsburgo y muchas ciudades menores. Al parecer del papa, la guerra se había decidido y se habían sentado ya las premisas para las negociaciones de paz. Así, retiró sus contingentes. El emperador aspiraba a la victoria total. Mientras los legados se trasladaban de Trento a Bolonia, marchó hacia el norte el ejército imperial, con el fin de atacar al principal enemigo, el príncipe elector Juan Federico de Sajonia. El 24 de abril de 1547 fue derrotado y hecho prisionero en Mühlberg, junto al Elba.

¿Qué era el concilio? Se hallaba en Bolonia, no en Trento, como se había acordado en un principio. El 21 de abril se celebró en las imponentes naves de la iglesia gótica de San Petronio una sesión con sólo

36 obispos. El verano y el otoño enteros duraron las deliberaciones sobre la doctrina de los sacramentos: eucaristía, penitencia, extremaunción, matrimonio y orden; se reunió material para la reforma de la práctica sacramental, pero en ninguna de las dos sesiones celebradas en Bolonia se publicaron respectivamente decretos. ¿Por qué no?

Con el transferimiento del concilio a Bolonia vio el emperador desbaratado su plan. Entonces robusteció la minoría que había quedado en Trento, formada principalmente por españoles, y reclamó en Roma el regreso a Trento. El papa se negó apoyándose en la legitimidad de la decisión de transferimiento y puso como condición de las negociaciones que la minoría se le sometiera y se dirigiera a Bolonia. Ambos partidos recelaban la ruptura y aun el cisma. Como el emperador, el 16 y el 23 de enero, respectivamente, de 1548, depusiera solemne protesta en Roma y en Bolonia, suspendió el papa las negociaciones en Bolonia y convocó en Roma a algunos representantes del concilio — que entre tanto se había engrosado con algunos franceses — como también a delegados de la minoría de Trento, con objeto de que le informaran. Todo menos disponer el regreso a Trento.

En la enérgica dieta de Augsburgo se vio el emperador obligado a imponer a los protestantes vencidos una solución media, el llamado «Interin de Augsburgo», que, si bien era católico en su contenido, hacía algunas concesiones, como el cáliz de los legos y el matrimonio de los sacerdotes. Paralelamente se aprobó un estatuto de reforma para los católicos, para cuya ejecución el papa, tras algunas vacilaciones, envió dos nuncios a Alemania. Pronto se demostró que el Interín había sido un golpe en falso, no sólo porque estaba desprovisto de la autorización eclesiástica, sino principalmente porque no se disponía de suficientes elementos (sacerdotes, principalmente predicadores) para la renovación católica de regiones que desde una generación eran ya protestantes.

Los protestantes, forzados por la necesidad, habían prometido en Augsburgo enviar representantes al concilio de Trento — no al de Bolonia —, aunque con ciertas reservas que hacían nula su promesa, a saber, que el concilio no debía estar bajo la dirección del papa y que había que volver a revisar los decretos emanados anteriormente en Trento. Estas reservas persistían todavía el año 1550, cuando el entonces presidente del concilio, el papa Julio III (1550-1554), se mostró dispuesto a ordenar el traslado a Trento, al que se había opuesto su predecesor (1.º de mayo de 1551). El emperador hacía caso omiso de la ambigüedad de la promesa de los protestantes; el papa en un principio no tuvo noticia de ella. Y esa ambigüedad fue la causa de que fracasara esta primera y última tentativa de resolver en un concilio, con la colaboración alemana, la crisis de la fe.

Regreso a Trento (1551-1552).

El concilio se inauguró en Trento, conforme a lo ordenado, el 1.º de mayo de 1551. Lo presidían, junto con el cardenal legado Crescenzio, dos conocedores de Alemania con rango episcopal, Pighino y Lippomani. Era la sesión duodécima. Sin embargo, las negociaciones no comenzaron hasta primeros de septiembre, en que llegaron los representantes del episcopado alemán, principalmente los obispos de Maguncia y de Tréveris, a los que pronto se unió el metropolitano de Colonia. Durante los meses siguientes se elevó a 13 el número de los obispos alemanes presentes. Los franceses estaban ausentes. El rey Enrique II, volviendo a la actitud de su padre, se negaba a reconocer como concilio el «conventículo» de Trento.

En la sesión decimotercera de 11 de octubre, apoyándose en los trabajos preliminares de Bolonia, se llegó a definir la doctrina de la eucaristía: la presencia real de Jesucristo en virtud de la transubstanciación y, por consiguiente, aun fuera de la recepción sacramental. Por el momento se retiró el artículo de la administración de la eucaristía bajo las dos especies (el «cáliz de los legos»). También el debate sobre la penitencia y la extremaunción se concluyó con relativa rapidez. La sesión 14, de 25 de noviembre, sostuvo en 9 capítulos doctrinales y en 15 cánones sobre la penitencia la necesidad de la confesión auricular, la índole judicial de la absolución, y la satisfacción; el decreto sobre la extremaunción, a la que Lutero consideraba como pura ceremonia, destacó su carácter sacramental.

Menos satisfactorio fue el curso de los debates sobre la reforma. Los esquemas presentados por Crescenzio no respondían lo bastante a los deseos del episcopado y tenían demasiados miramientos con la práctica de la curia de entonces. Cuando el obispo de Verdún, Pseaume, autor de un diario del concilio, solicitó la completa abolición de las encomiendas claustrales (traspaso de abadías a personas ajenas a la orden en cuestión), le llamó el legado tan enérgicamente al orden que los arzobispos de Colonia y Maguncia se quejaron violentamente ante sus colegas españoles. «¿Esto se llama un concilio libre?», preguntó el obispo de Colonia al de Orense. La pregunta, hecha en un momento de excitación, no prueba nada contra la libertad del concilio, pero da bien a conocer la tensión que allí reinaba.

Los protestantes y Trento.

La tensión creció todavía cuando llegaron delegaciones de los protestantes a Trento. Sólo los de Brandeburgo, que llegaron los primeros, se sometieron el 11 de octubre a las decisiones del concilio. Los de Wurtemberg, que presentaron una profesión redactada al efecto, la *confessio Virtembergica,* y el enviado de Estrasburgo, el historiador Juan Sleidan, mantuvieron firme su punto de vista y se negaron a toda concesión en cuestiones de principio. Evitaron todo contacto directo con los legados del concilio, con el que trataron sólo a través de los enviados del emperador. Juntamente con los enviados del príncipe elector, Mauricio de Sajonia, que llegaron el 9 de enero de 1552, exigieron en la congregación general de 24 de enero que se las librara para su seguridad personal un salvoconducto mejor que el anterior. En efecto, la suerte de Juan Hus en Constanza no dejaba de proyectar sus sombras. Al día siguiente se les otorgó el salvoconducto en la forma deseada. En cambio, no pudo el concilio acceder a otras exigencias de mayor alcance (absolución de los obispos de su juramento de fidelidad al papa, sumisión del papa al concilio en el sentido del concilio de Constanza, reasunción de las negociaciones sobre los decretos de fe ya adoptados), pues con ello el concilio se desautorizaba a sí mismo. Las negociaciones llevadas a cabo entre bastidores fracasaron. El mismo emperador, que desde Innsbruck seguía de cerca la marcha de éstas, no sabía qué instrucciones dar a su enviado, si no era impedir a toda costa la suspensión del concilio.

La nave conciliar fue irremediablemente a la deriva desde el momento en que noticias inquietantes de Alemania obligaron a los obispos alemanes a regresar a su patria. El príncipe elector Mauricio de Sajonia, aliado de Francia desde el verano de 1551, comenzó los preparativos de guerra contra el emperador. A fines de marzo descargó el golpe y marchó por Augsburgo hacia el sur. El emperador, totalmente desarmado, se refugió en Innsbruck. El concilio, completamente paralizado con la grave enfermedad del legado, decretó la suspensión el 28 de abril de 1552. El concilio de la unión había naufragado.

Cuando los padres del concilio regresaron a sus diócesis dejaron en el concilio todo a medio hacer. Ni se habían establecido autoritativamente todas las doctrinas controvertidas, ni se había resuelto de modo satisfactorio el problema de la reforma eclesiástica. Los decretos, faltos de la confirmación papal, no podían ser derecho vigente. Las tentativas de ponerlos en vigor, emprendidas por propia iniciativa en España y Portugal, sugirieron a Julio III la idea de reunir en una gran bula de reforma, completándolos, los decretos de reforma del Tridentino, pero murió sin poderlo realizar. El movimiento de reforma se había impuesto definitivamente en los dos conclaves de los que salió elegido con el nombre de Marcelo II el anterior legado del Concilio, Cervini, y a su pronta muerte el cardenal Carafa con el nombre de Paulo IV ; sin embargo, no se pensó ya en continuar el concilio. Paulo IV lo miraba como una aventura. El sínodo de reforma, que él mismo convocó en Roma el año 1556 y que debía ser el preludio de un nuevo concilio de Letrán, debió suspenderse a causa de la guerra con España. Esta vez venía de Francia la iniciativa de reanudar el concilio de Trento.

El calvinismo en Francia.

El concilio de Trento en sus dos primeras etapas tenía puesta la mira en Alemania, país de origen de la ruptura de la fe ; formaban parte de un gran plan político-eclesiástico de restauración de la unidad de la Iglesia, trazado en común por el papa y el emperador, pero sobre cuya ejecución acabaron por discrepar. En las discusiones dogmáticas se había tenido presente a

Lutero, a Zwinglio y a algunos reformadores de segundo orden. En cambio, no se había prestado casi ninguna atención a Calvino, cuya obra principal hacía tiempo existía. Los progresos que hizo el calvinismo en Europa occidental, principalmente en Francia ya durante el reinado de Enrique II y esporádicamente a su muerte bajo la regencia de Catalina de Médicis con su política de péndulo, dieron que temer por el catolicismo de la «hija primogénita de la Iglesia». El concilio no había quedado clausurado, sino suspendido, en 1562. En este momento vio en él Pío IV (1559-1565), sucesor de Paulo IV, el medio más indicado para impedir la apostasía de Francia y para completar la tarea que había quedado truncada. ¿Había de ser la continuación de las dos precedentes etapas, como lo exigía enérgicamente Felipe II de España, o un nuevo concilio, por el que abogaban Francia y el emperador Fernando I?

La bula de convocación de 29 de noviembre de 1560 favorecía la primera tendencia, aunque no descartaba la segunda. El concilio mismo debería decidir. Alemania se mantuvo al margen. Los príncipes protestantes reunidos en Naumburg manifestaron su rotunda negativa al nuncio Commendone el 5 de febrero de 1561. Al abad Martinengo, que debía transmitir la invitación a la reina Isabel I de Inglaterra, le fue incluso denegado el permiso de entrada en el país. Los obispos alemanes no asistieron porque temían se les imputara la perturbación de la paz religiosa acordada en Augsburgo en 1555. Los restantes países católicos prometieron enviar obispos y delegados al concilio.

Tercera etapa del concilio (1562-1563).

En la sesión inaugural de 18 de enero de 1562 se contaban 113 mitrados, número nunca visto hasta entonces, así que el legado, cardenal Seripando, pudo escribir a Roma que en comparación con ésta la sesión inaugural de 1545 había sido, más que un concilio ecuménico, un sínodo diocesano. Fue necesario destinar a la congregación general un espacio más amplio, la iglesia de Santa María Maggiore, cuyo interior está representado en el conocidísimo grabado. Desempeñaba la presidencia Hércules Gonzaga, hijo de Isabel de Este, un príncipe por sus sentimientos y por sus maneras. Le asistían, ademós de Seripando, el conocido controversista Hosius, el canonista Simonetta, que, como jefe de los celantes, se convirtió pronto en una de las figuras clave del concilio y, finalmente, el sobrino del papa Hohenemps (Sittich de Altemps) que, sin embargo, tuvo que abandonar pronto Trento por no estar en manera alguna a la altura de la función de legado ni dominar siquiera el latín.

Para esquivar la cuestión altamente política de la «continuación», se comenzó con un esquema de reforma. Pero su primer artículo, que volvía a tratar la cuestión todavía tan problemática de la obligación de residencia de los obispos, originó la primera crisis del concilio. Los españoles, capitaneados por el arzobispo de Granada, Guerrero, y parte de los italianos, propusieron que se declarara la obligación de residencia como precepto inmediatamente divino *(de iure divino)*, para poder, de una manera tan sencilla, excluir toda posibilidad de dispensa. Los curialistas veían en tal declaración un atentado contra la potestad primacial del papa. Como éstos, en la votación de 20 de abril, obtuvieron apenas la mayoría (35 votos negativos y 34 apelaciones, es decir, votos dejados en manos del papa) contra 67 votos favorables, el papa se puso de su lado, prohibió continuar la discusión sobre esta cuestión de principio e hizo sentir su disfavor a los legados Gonzaga y Seripando, partidarios del *ius divinum*. Casi dos meses quedó estancado el concilio.

Por fin, a primeros de junio quedó en cierto modo superada la crisis de confianza. Sin encontrar resistencia digna de mención, recogieron los legados el hilo de las discusiones dogmáticas allí donde había quedado en 1551 y en la sesión 21, de 16 de julio, presentaron a la aprobación los artículos que en aquella fecha habían quedado en suspenso sobre el uso de la eucaristía (presencia de Cristo bajo cada una de las dos especies), y en la sesión 22 de 17 de septiembre el decreto sobre el sacrificio de la misa. Este decreto afirmaba que la misa era la conmemoración y a la vez actuación del sacrificio de Cristo en la cruz, igual a él por ser la misma la Víctima ofrecida y el mismo el Sacerdote oferente, Cristo, pero distinto por el modo y manera (incruenta) del ofrecimiento. La petición del cáliz, hecha por el emperador y por el duque de Baviera, dejóse en manos del papa, que la otorgó luego de clausurado el concilio.

La gran crisis conciliar y su superación.

El 13 de noviembre de 1563 hizo su entrada en Trento, acompañado de 13 obispos franceses, el cardenal de Lorena, Carlos de Guisa. La intervención de este personaje, joven, resuelto y de altas prendas, contribuyó notablemente a agudizar la crisis que acababa de estallar en el concilio, la segunda y a la vez la más grave por que atravesó la asamblea. Entre tanto se había vuelto a tratar del decreto de residencia abandonado en la primavera, y al mismo tiempo había comenzado el debate sobre el sacramento del orden. En ambos se trataba de la posición en que se hallaba la potestad del papa respecto a la potestad episcopal, que todavía no se había precisado por el magisterio eclesiástico. En otras palabras, se trataba de la cuestión: ¿Cómo se puede conciliar la institución del episcopado por Cristo con la potestad primacial del papa?

Toda la agudeza teológica y todo el arte de formularla imaginables se pusieron en juego para hallar una solución de compromiso, aceptable lo mismo para Roma y los celantes que para la oposición franco-española. Pero todas las tentativas de solución se estrellaron contra la intransigencia de los partidos en litigio. Guisa logró hallar el modo de que se decidiese a intervenir el emperador Fernando I, que otra vez se hallaba en Innsbruck. Éste, en una carta de 3 de marzo de 1563 conjuró al papa que no se opusiese a una reforma por medio del concilio y que hiciera de nuevo posibles las negociaciones mediante una mayor flexibilidad de los celantes. Era de temer un paso análogo de Felipe II. La intervención de los poderes seculares podía dar el golpe de gracia al concilio.

La tirantez se exteriorizó en acusaciones mutuas, favoreciendo las intrigas. Un francés lanzó el donaire de que el Espíritu Santo llegaba a Trento en la valija de Roma. No se podía negar que los legados, como representantes del papa, debían atenerse a sus instrucciones; sin embargo, era falso suponer que el concilio carecía de propia voluntad y se dejaba llevar como de la cadena por Roma. Los subsidios que obispos sin haberes y teólogos recibían de la caja del concilio no eran una compra de votos. Eran absolutamente necesarios, pues si no ¿cómo hubieran podido los obispos de diócesis pobres afrontar la carestía de Trento? Se daban sin condiciones, en proporción sólo con la indigencia, y, por otra parte, eran tan reducidos que el calvinista francés Languet pudo permitirse el sarcasmo de que los obispos vendían sus almas tan baratas como los lansquenetes alemanes su servicio militar. Era, además, natural que para aflojar los frentes se procurara ganar para la mayoría a miembros de la oposición. El duque Cosme de Florencia invitó a dos obispos de su estado a deponer su actitud de oposición. La respuesta de uno de ellos, el de Fiésole, es muy significativa: «Yo he emitido mi voto según mi conciencia y no puedo cambiarlo, aunque hubiera de pagarlo con la vida. Yo soy sumiso al papa y, en todas las cosas de la tierra, a vos, mi duque, obediente. Pero tengo en mucha estima la salvación de mi alma para poder votar en el concilio en contra de mis mejores sentimientos.»

Durante estas semanas de la más alta tensión, intervino la muerte en los fastos del concilio. A poca distancia de tiempo, el 2 y el 17 de marzo, respectivamente, murieron, abrumados de trabajo y de pena, los dos legados más antiguos en rango, Gonzaga y Seripando. El papa Pío IV nombró en su lugar a su mejor diplomático y hombre de confianza, Morone, y al veneciano Navagero. Morone fue el salvador del concilio. Seguro de la absoluta confianza del papa dejó fuera de combate a la camarilla de los celantes, con su cabecilla Simonetta, se dirigió a Innsbruck para tranquilizar al emperador y ganó a Guisa para un compromiso en la cuestión de las potestades. El papa, en una carta de su mano a Felipe II, respondía de tomar en serio la reforma de la Iglesia. La sesión 23, de 14 de julio de 1563, que por fin era posible después de una interrupción de diez meses, marcó el punto de viraje del concilio. Éste se limitó a rechazar la doctrina de Lutero sobre el sacramento del orden y a dar una forma más rigurosa al derecho sobre la residencia, aunque sin mencionar para nada el *ius divinum*. Un decreto de erección de seminarios diocesanos creó por fin la institución que faltaba para la formación del clero. Se había comprendido, en efecto, que la creación de lectorados de teología prevista en la cuarta sesión y que no hacía más que renovar un canon lateranense, no respondía suficientemente a las exigencias de los tiempos.

Gran proyecto de reforma de Morone.

Como lo habían hecho en Viena los obispos y en Constanza las naciones conciliares, así también en Trento los obispos y en parte los gobiernos de los países representados habían presentado memoriales conteniendo sus desiderata de reforma: a primeros de marzo de 1562 un grupo de italianos, en abril los españoles; el 7 de junio de 1562 los legados imperiales habían presentado su «libelo de reforma», y el 3 de enero de 1563 los legados de Francia las peticiones del episcopado francés. Deseo común de todos era, en interés de una bien ordenada cura de almas, reforzar la autoridad episcopal sobre el clero secular y regular de las diócesis y eliminar los impedimentos que les creaban las exenciones y las apelaciones injustificadas, así como las intervenciones por parte del estado. Teniendo en cuenta estos deseos nacionales de reforma, que en parte iban bastante lejos, como también las ideas más conservadoras que se abrigaban en Roma, redactó Morone en julio de 1563 un vasto esquema de reforma compuesto de 42 artículos, que fue discutido durante el otoño y, tras una intensa labor de retoque, aprobado en las sesiones 24 y 25.

En él se regulaba el nombramiento y los deberes del cargo de cardenales y obispos, la organización anual de sínodos diocesanos y la trienal de concilios provinciales, la visita de las diócesis por el obispo, la reforma de los cabildos catedrales, la provisión de las parroquias y la predicación parroquial; la reforma de las órdenes se ciñó a algunas normas generales sobre la admisión, el noviciado, la clausura, etc. Sin exagerar se puede decir que estos decretos de reforma de Morone forman el núcleo de lo que se suele denominar «la reforma tridentina». La ley interna a que obedecen se resume así: ante todo, la salud de las almas.

Los debates dogmáticos, que se desarrollaban paralelamente, desembocaron en la sesión 24, del 11 de noviembre, en un decreto sobre la índole sacramental del matrimonio, que fue completado con el importantísimo decreto de reforma «Tametsi» : los matrimonios contraídos en secreto, es decir, sin testigos, no sólo son ilícitos, sino también inválidos ; sólo es válido el matrimonio contraído ante el párroco competente y en presencia de dos o tres testigos ; tal matrimonio debe inscribirse en un registro. La sesión 25, de clausura, añadió decretos sobre el purgatorio, las indulgencias, el culto de los santos, de sus reliquias e imágenes. «Es bueno y saludable invocar a los santos», sus reliquias «han de ser veneradas por los fieles», así como las imágenes de Cristo y de los santos, «no porque creamos que posean virtud divina», sino en atención a los modelos que representan. El «decreto de las imágenes» no hacía, pues, en sustancia otra cosa sino renovar la definición del 7.º concilio ecuménico.

Conclusión y ejecución.

Morone, a pesar de la tenaz resistencia del embajador español, conde de Luna, y de más de un obispo, se dio prisa por terminar el concilio, aunque no fuera más que por lo dispendioso que resultaba para el papa, gravando seriamente sus finanzas ; durante el primer período había costado anualmente de 30 a 40 000 escudos, casi la décima parte de los ingresos totales ; en el tercer período ascendieron poco más o menos al triple. La sesión de clausura se había previsto en un principio para mediados de diciembre. Mas he aquí que de repente el 1.º de diciembre llegó una carta alarmante del sobrino del papa, Carlos Borromeo ; el papa había caído enfermo y había que temer un desenlace. Con el fin de evitar de antemano una controversia sobre el derecho de elección papal, como había sucedido en circunstancias muy distintas en el concilio de Constanza, decidió Morone adelantar la sesión de clausura. Hubo de durar dos días, pues en ella se leyeron y aprobaron una vez más todos los anteriores decretos. 199 obispos, 7 abades y 7 generales de órdenes dieron sus firmas. Al finalizar la sesión, el cardenal Guisa, un tiempo jefe de la oposición, ahora portavoz del concilio, rompió en aclamaciones al papa reinante y a sus predecesores que habían llevado a cabo el concilio, a los emperadores Carlos y Fernando y a todos los que habían contribuido a su feliz resultado. Con las palabras «Id en paz» despidió Morone a la asamblea. El papa confirmó el 28 de enero de 1564 todos los decretos sin excepción ni enmienda, confiriéndoles con ello fuerza de ley.

El concilio de Trento había sido la respuesta por parte del supremo magisterio eclesiástico a la reforma protestante y la realización posible, ya que no perfecta, del deseo hacía tanto tiempo sentido de renovación interior de la Iglesia. Dio claras normas a la teología y a la predicación, pronunció definiciones doctrinales, pero sin dividir lo que no se había dividido de por sí. Contrapuso a la Reforma protestante la Reforma católica, pero sin resucitar sencillamente la edad media, sino modernizando la legislación y la cura de almas. No fue ya Trento una asamblea de la cristiandad indivisa en la fe, como el cuarto concilio de Letrán o por lo menos como el concilio de Constanza, ni se vio como aquéllos envuelto en el esplendor de un papa-rey y de un emperador; fue sencillamente un acto, con apariencias modestas, pero precisamente por eso de más duradera eficacia, de examen de conciencia y de propia renovación.

Sin embargo, difícilmente habría ejercido a través de los siglos su influjo en la historia de la Iglesia y en la historia universal y hasta se habría quedado en letra muerta, si no hubiera aplicado el papado toda su autoridad a poner en ejecución y a completar sus decretos, infundiéndoles verdadera vida. Pío IV creó el 2 de agosto de 1564 una congregación de cardenales, que existe todavía hoy, para la interpretación auténtica de los decretos; su sobrino Carlos Borromeo, con su acción como arzobispo de Milán, fue un modelo de pastor tridentino. Su sucesor, Pío V, envió a todos los obispos, para que les sirvieran de norma, las ediciones oficiales de los decretos conciliares: a Alemania por medio de san Pedro Canisio; llegaron hasta América y el Congo. Siguiendo una recomendación del concilio, publicó el *Catecismo Romano:* un manual de la doctrina de la fe basado en las definiciones del concilio, destinado a los párrocos, así como un *Breviario* y un *Misal* corregidos, cuya reforma se había comenzado en el concilio sin que se hubiera podido ultimar. Bajo el reinado de Gregorio XIII (1572-1585), se dio a los nuncios el encargo de velar dentro de los límites de su competencia por la ejecución de los decretos del concilio. Sus sucesores Sixto V y Clemente VIII publicaron la versión corregida de la Vulgata. En interés de la ejecución, se esforzaron los papas por obtener el reconocimiento del concilio por los estados, con resultado en España, Polonia y los estados italianos, sin éxito en Alemania y Francia. Así se puede afirmar que el concilio de Trento, «por su duración y más aún por la extensión, multiplicidad y oportuna modernidad de su acción, por la profundidad y verdadero valor de sus definiciones doctrinales, por el buen sentido de sus disposiciones constitucionales y disciplinares, por el número y el prestigio de los sabios que dejaron oir su voz en él, finalmente por sus efectos ulteriores, ha dejado en la sombra a todos los demás concilios» (Merkle).

En flagrante contraste con este juicio tan ponderado

de un historiador moderno, el primer historiador del concilio hostil al papado, Paolo Sarpi (1619), calificó de leyenda la reforma de Trento y al concilio mismo como una artimaña de los papas para acaparar de nuevo el poder. Su libro quedó refutado en muchos de sus detalles, con fuentes más abundantes y más seguras, por el jesuita Pallavicino en su *Historia del concilio de Trento* (1656), pero en forma aún más contundente por el hecho incontestable de que en ese concilio se formó toda una época de la Iglesia. Tres siglos pasaron hasta que volviera a reunirse un concilio ecuménico. Cuando éste se convocó, su punto de arranque fue precisamente lo que el anterior concilio había dejado como una laguna sin colmar : la doctrina relativa a la Iglesia.

Quinta parte

EL CONCILIO VATICANO

El oleaje de la Revolución Francesa y la subsigiente secularización habían pasado por el edificio aparentemente caduco de la Iglesia católica. Como una catarata arrastraron todo lo que en la época del absolutismo había ligado a la Iglesia con el Estado y con la sociedad. Los obispados principescos de Alemania, los obispos de palacio franceses, claustros milenarios, como Reichenau y Cluny, desaparecieron. Y aun antes, la Compañía de Jesús había caído víctima del despotismo ilustrado de las cortes borbónicas. Cuando con la caída de Napoleón se hubo calmado la marejada, se vio con sorpresa que las paredes maestras del edificio seguían en pie. La Iglesia, ignorada y aun despreciada durante un siglo por el racionalismo, volvía a gozar de consideración. El inerme papa Pío VII había logrado hacer frente al omnipotente dictador. De Maistre y Chateaubriand descubrían la grandeza del papado como institución supranacional; Lamennais, Montalembert y Görres reconocían las grandes posibilidades que la mágica palabra «libertad» creaba para la Iglesia, hasta entonces esclavizada a la política eclesiástica del estado. Una vez más volvía la Iglesia a demostrar su fuerza vital, inagotable, como divina que era. Aunque empobrecida y todavía coartada interior y exteriormente por tal o cual resto del pensar eclesiástico-estatal, la Iglesia avanzaba impávida hacia los nuevos tiempos, hacia la era de la técnica y de las masas, lentamente, no sin resistencias y retrocesos, pero de todos modos en continuo progreso.

El «Syllabus» de Pío IX.

Con un espíritu que podríamos llamar «liberal», es decir, abierto a las nuevas tareas de la Iglesia, había comenzado Pío IX su reinado el 16 de junio de 1846. La revolución del año 1848, que había asegurado libertad de movimientos a los católicos de Prusia y de Austria-Hungría, dando lugar a un rápido progreso de la vida eclesiástica, había causado al papa una amarga desilusión. Huyendo de la revolución había abandonado a Roma, a la que pudo regresar gracias a la intervención de tropas extranjeras francesas. Persuadido en lo más íntimo de que era necesario oponer un dique a la irrupción de las ideas filosóficas y políticas modernas en el espíritu de la Iglesia, aprovechó una idea del entonces arzobispo de Perusa, Pecci, más tarde León XIII, y preparó una compilación de errores de la época. El nuncio en Viena sometió ya en 1851-1852 al arzobispo de Colonia, Geissel, un «Syllabus» de tales tesis, recomendándole lo hiciera examinar por sus teólogos. La compilación, que debía publicarse al mismo tiempo que la definición del dogma de la Inmaculada Concepción (1854), no se terminó para esta fecha, porque el cardenal Fornari, encargado de este trabajo, no lo había podido ultimar. En 1860 publicó el obispo Gerbert de Perpiñán una instrucción pastoral que condenaba 85 tesis erróneas. Ésta fue la que finalmente se utilizó como base para el «Syllabus» en cuestión: para ello se había formado una comisión de cardenales presidida por el cardenal Caterini. Se hizo un compendio en 61 proposiciones, que una comisión más amplia volvió a elaborar, y el 8 de diciembre de 1864 se expidió a los obispos junto con la encíclica *Quanta cura.*

El «Syllabus» condenaba sistemas filosóficos, como el panteísmo y el racionalismo, así como teorías sociales, como el comunismo, y errores sobre la moral cristiana, en particular sobre el matrimonio, pero sobre todo, los relativos a la Iglesia y a sus relaciones con el estado. Generalmente se consideró como un mentís de la Iglesia católica a la cultura moderna, y como tal se le combatió con la mayor violencia; en Francia se prohibió incluso su publicación. En realidad el «Syllabus» era un movimiento de oposición. Una vez más se ceñía la Iglesia a su misión primordial poniendo una barrera a la desenfrenada fe en el progreso y a la fascinación cultural de aquella generación que avanzaba a pasos acelerados. Fueron muy pocos los que fuera de la Iglesia comprendieron lo que profetizaba en la Jornada Católica de Tréveris de 1865 el teólogo de Maguncia Heinrich: «Muchas veces son amargas las medicinas reconstituyentes... Cuando el siglo diecinueve haya pasado a la historia, comprenderá la humanidad lo saludable y necesaria que ha sido la medicina.»

Notificación de un concilio ecuménico.

Dos días antes de la publicación del «Syllabus, el 6 de diciembre de 1864, después de una sesión de la Congregación de Ritos, retuvo el papa a los cardenales asistentes y les manifestó su plan de «poner remedio a las extraordinarias tribulaciones de la Iglesia de una manera extraordinaria [el concilio]». En el más riguroso secreto invitó luego a 21 cardenales residentes en Roma a exponerle su parecer sobre la oportunidad de convocar un concilio ecuménico. La mayoría respondió afirmativamente, dos negativamente y seis con algunos reparos. El parecer más extenso fue el del cardenal alemán de curia, Reisach. Éste motivaba la necesidad del concilio con la circunstancia de que el concilio Tridentino, el último celebrado, no había refutado explícitamente el error fundamental de los reformadores, a saber, la negación de una iglesia constituida jerárquicamente y de su magisterio infalible, y que a esto se debían las vacilaciones que se notaban en la Iglesia. En realidad, en los cuatro «artículos galicanos» formulados el año 1682 por Bossuet para la asamblea del clero francés, se había aprobado el decreto «Sacrosancta» del concilio de Constanza y se había establecido la tesis de que las decisiones de fe del papa sólo eran infalibles después de haber obtenido el asentimiento de la Iglesia. En Alemania, el obispo auxiliar de Tréveris, Hontheim, con el pseudónimo Febronius, en su obra «Sobre la situación de la Iglesia» (1763, había expresado la opinión de que el papa no goza en absoluto de mayor potestad que los obispos, siendo su primado un puro primado de honor. Aunque la Revolución y la secularización habían desarmado a los promotores de las ideas galicanas y episcopalianas, éstas, sin embargo, no habían sido completamente superadas y refutadas. El problema de la Iglesia, que desde los tiempos de Bonifacio VIII y Marsilio de Padua no cesaba de plantearse y discutirse, seguía todavía en pie.

El 9 de marzo de 1865 tuvo su primera sesión en casa del cardenal vicario, Patrizi, la comisión de cinco cardenales, que había nombrado el papa para la preparación del concilio. El secretario, arzobispo Gianelli, aportó un nuevo motivo de convocación : desde hacía tres siglos no se había celebrado ningún concilio ecuménico, intervalo sin igual en la historia de la Iglesia.

A fines de abril de 1865 dio el papa el segundo paso : consultó a 36 obispos sobre el plan de concilio : 11 eran de Italia, 9 de Francia, 7 de España, otros tantos de Alemania y Austria-Hungría juntas, uno de Bélgica y otro de Holanda. Entre los consultados se hallaban los futuros rivales, el arzobispo de Westminster, Manning, y el obispo de Orleáns, Dupanloup. Sus respuestas confirmaban en sustancia los argumentos de los cardenales consultados anteriormente; convenían en que la confusión intelectual en que se vivía, exigía que se destacaran con claridad los grandes principios cristianos y la autoridad de la Iglesia. Ocho pareceres apoyaban la definición de la infalibilidad del papa.

Sin embargo, nada se había concluido definitivamente. Hubieron de pasar dos años antes de que lograra el papa disipar todos los escrúpulos. Su más íntimo colaborador, el cardenal secretario de Estado, Antonelli, estaba poco inclinado al proyecto de concilio y, temiendo complicaciones políticas, trató de disuadir al papa. Entonces fue Dupanloup quien animó al pontífice: «Estoy convencido de que el concilio a celebrar en Roma ha de dar al mundo entero el impresionante espectáculo de 500 ó 600 obispos de todas las latitudes, estrechamente unidos en una fe común respecto a todas las grandes cuestiones que interesan a la humanidad.»

Convocación del concilio.

Una buena ocasión de revelar el secreto y de anunciar públicamente el concilio se ofreció en junio de 1867, al hallarse reunidos en Roma casi 500 obispos venidos de todo el mundo para la conmemoración del martirio de los príncipes de los apóstoles. En una alocución de 26 de junio les manifestó el papa su plan «de celebrar un concilio general y ecuménico de todos los obispos de la cristiandad católica, en el que con la asistencia divina, mediante deliberaciones en común y esfuerzos aunados se hallasen los remedios necesarios contra los males, desgraciadamente tan numerosos, que afligían a la Iglesia». Los obispos asistentes expresaron su solidaridad con el papa en un escrito redactado por el arzobispo Haynald de Kalocsa y reafirmaron su fe en el decreto de unión de Florencia, aunque sin pronunciar la palabra «infalibilidad».

Exactamente un año después, el 29 de junio de 1868, apareció la bula de convocación *Aeterni Patris,* que había sido preparada con gran esmero y en la que se fijaba como fecha de inauguración el 8 de diciembre de 1869 y como lugar de las sesiones la basílica de San Pedro. Iba dirigida a todos los obispos, incluso titulares, a los superiores de las congregaciones monásticas, a los generales de órdenes, destacando así el grupo de los miembros con derecho al voto, análogamente a como lo había hecho el Tridentino. El papa, en un breve de 8 de septiembre de 1868, invitó a los obispos de las iglesias orientales no unidas con Roma, haciendo mención de los concilios de unión de Lyón y Florencia. El patriarca de Constantinopla lo devolvió sin abrirlo, observando que ya conocía su contenido — había aparecido prematuramente en la prensa — ; no se hacía ilusiones sobre la asistencia de obispos orientales por el hecho de que el breve había sido una falta de «atención a la igualdad de derechos y fraternidad apostólicas». De manera análoga se comportaron los patriarcas de los armenios, jacobitas y coptos no unidos. No se invitó, en cambio, a los obispos de la iglesia anglicana ni a los jansenistas. Sin embargo, dirigió el papa el 13 de septiembre de 1868 una carta abierta a «todos los protestantes y acatólicos», invitándoles a volver al único redil de Cristo. La reacción de la opinión pública protestante fue resueltamente más negativa que la de los orientales. El consistorio supremo de la iglesia evangélica de Berlín rechazó el escrito del papa «como injerencia injustificada en nuestra Iglesia». Los delegados de la unión protestante liberal, reunidos el 31 de mayo de 1869 en Worms «a los pies del monumento de Lutero» se declararon «contra toda tutela jerárquica y clerical, contra toda coacción del espíritu y presión en las conciencias». También de Suiza, Francia, Holanda y Norteamérica se recibieron otras respuestas negativas. Con ello se hacía palpable que el concilio Vaticano no podía ser un concilio para la unión.

Trabajos preparatorios y estatuto conciliar.

En el concilio Tridentino ocurrieron largas y peligrosas dilaciones debidas a haberse relegado al concilio mismo la determinación del programa y la elaboración de las materias de las negociaciones. Para evitar que volviera a surgir el mismo inconveniente, la comisión cardenalicia dirigente del concilio optó por formar cinco subcomisiones para su preparación : 1) la comisión de la fe, dirigida por el cardenal Bilio, para la elaboración de los esquemas dogmáticos (24 miembros : tenía el cometido de la congregación de teólogos del Tridentino ; 2) la comisión de la disciplina eclesiástica, bajo el cardenal Caterini, prefecto de la Congregación del Concilio ; 3) la comisión de las Iglesias Orientales y de las Misiones, presidida por el cardenal Barnaba (17 miembros) ; 4) la comisión político-eclesiástica dirigida por el cardenal Reisach (26 miembros).

Todas las comisiones, incluso la dirigente llamaron en su ayuda a peritos no sólo romanos, sino también de otras partes. De Alemania se convocó entre otros a los profesores Hettinger y Hergenröther de Wurzburgo, y Hefele, de Tubinga, autor de la *Historia de los Concilios;* en cambio, no se invitó al reconocido jefe de la escuela histórica de teología en Alemania, el profesor Ignacio Döllinger, de Munich, porque, según se dijo, había asegurado al papa que no aceptaría la invitación, aunque la verdadera razón fue sin duda el haberse hecho persona poco grata por sus conferencias sobre la soberanía temporal del papa. De Francia se llamó al canónigo Gay de Poitiers, que había de participar intensamente en la redacción de la constitución dogmática; de Inglaterra, habiéndose negado Newman, al rector del Saint Edmond's College de Westminster; de España, al profesor de Cádiz, Labrador. Las grandes órdenes estaban representadas por sus mejores cabezas; de la Compañía de Jesús, los teólogos dogmáticos Perrone, Kleutgen, Franzelin y Schrader.

Las subcomisiones emprendieron sus tareas ya en 1868. Basándose en las proposiciones hechas por los obispos (colectivamente o en particular), y por los superiores de órdenes elaboraron esquemas para cada una de las materias de deliberación. El resultado principal de esta labor intensa de preparación fue la publicación de un estatuto poco antes de la apertura del concilio, el 27 de noviembre de 1869. Había sido preparado siguiendo el consejo de Hefele y con su colaboración. El derecho de proposición fue reservado al papa, como a cabeza del concilio; para la formulación de los decretos fueron previstas cuatro delegaciones permanentes, de 24 miembros cada una, a elegir por el concilio, que trabajarían bajo la dirección de uno de los cinco presidentes (Reisach, De Luca, Bizzarri, Bilio y Capalti). A éstas se transmitían los esquemas elaborados por las subcomisiones. Sobre las propuestas presentadas por los obispos había de decidir la llamada delegación para el programa (de propositis) nombrada por el papa. Para las asambleas plenarias (congregaciones generales) y sesiones solemnes se estableció un orden del día. Como secretario del concilio había sido nombrado ya el 27 de abril de 1869 el obispo de St. Pölten, Fessler.

La puesta en marcha del concilio Vaticano se había preparado incomparablemente mejor que la de todos los anteriores. Incomparablemente más vivo fue también el interés con que la opinión pública mundial aguardaba el concilio. Por primera vez en la historia de los concilios, la prensa y el telégrafo la pondrían al corriente de los acontecimientos.

Los artículos de la «Civiltà Cattolica» y la opinión pública europea.

En la bula de convocación del concilio de Trento se había invitado al emperador, al rey de Francia y a todos los príncipes cristianos a participar en el concilio personalmente o por medio de delegados. La bula de convocación del concilio Vaticano no contenía tal género de invitación, sino sólo un deseo, expresado en términos generales, de que los príncipes católicos contribuyeran al buen éxito del concilio. No es fácil adivinar el motivo de este cambio de actitud: se quería evitar la injerencia del estado en los asuntos interiores del concilio. En la escena del Vaticano no aparecen los «oradores» que se observan en los cuadros del concilio de Trento. Desde luego, ni era posible, ni se pretendía que las potencias se desinteresaran completamente. En la primavera de 1869 se hizo patente que el concilio Vaticano se había convertido, contra toda expectación, en un acontecimiento altamente político.

El 6 de febrero apareció en la «Civiltà Cattolica», la revista oficiosa quincenal de los jesuitas, un artículo titulado *Correspondencia de París,* según el cual se esperaba en Francia que el próximo concilio definiese por aclamación las doctrinas contenidas en el «Syllabus», principalmente la de la infalibilidad del papa. El artículo, que había sido compilado en la nunciatura de París con escritos de eclesiásticos franceses, reproducía puntos de vista como los que había expuesto Luis Veuillot en el periódico «L'Univers». Veuillot no esperaba nada de los debates conciliares, corrientes en los sínodos anteriores: a la efusión del Espíritu Santo en la primera fiesta de Pentecostés, decía, no habían precedido discusiones de ningún género.

El artículo de la «Civiltà» cayó como una bomba y la expectativa creció hasta el paroxismo. Döllinger, con el pseudónimo «Janus», publicó en la «Augsburger Allgemeine Zeitung» cinco artículos: *El papa y el concilio,* en los que, apoyándose en argumentos históricos, no sólo rechazaba la idea, evidentemente exagerada, de la infalibilidad del papa que sostenían Veuillot, el inglés Ward y sus adictos, sino que combatía la autoridad misma del papado con una virulencia desconocida desde los tiempos de Sarpi. Los artículos se publicaron en julio en forma de libro. El efecto que produjeron en la opinión pública de Alemania fue tal que los escritos en contra, como el *Anti-Janus* de Hergenröther, apenas pudieron atenuarlo. Incluso desencadenaron una acción diplomática.

En una circular de 9 de abril de 1869, el presidente del consejo de Baviera ponía en guardia a los gobiernos de los estados contra las posibles consecuencias en el terreno político de una definición de la infalibilidad del papa. En vano esperó una intervención colectiva de las potencias: los jefes del gobierno de las dos grandes potencias, Prusia y Austria, Bismarck y Beust, se mantuvieron a la expectativa, negándose en particular a nombrar enviados para el concilio, cosa en que la Iglesia no había siquiera pensado. «La participación en un concilio de todos los poderes del estado», escribía Bismarck a su embajador en Roma, Arnim, el 26 de mayo, «se apoya en un terreno extraño, inexistente ya para nosotros, en una relación entre el Estado y la Iglesia que pertenece ya al pasado», que ha cambiado ya completamente. Bismarck pensaba en el concilio de Trento y su observación es innegablemente exacta.

El gobierno francés, cuyas tropas garantizaban desde 1849 la existencia del Estado de la Iglesia, no dejó de insistir en el derecho del emperador de Francia a enviar un representantes al concilio (discurso del presidente del consejo, Ollivier, el 11 de julio de 1869). Sin embargo, Napoleón III renunció, con gran satisfacción del papa, a enviar un embajador al concilio, por más que el decano de la Sorbona, Maret, le había incitado a ello, a fin de hacer fracasar «proyectos dañosos para la Iglesia y el Estado».

Maret, en un libro de gran aparato *Sobre el concilio general y la paz religiosa* (1868) y en su apología del mismo *El papa y los obispos* (1869), había propugnado una concepción de la Iglesia moderadamente galicana: no son los poseedores de la infalibilidad el papado o el episcopado, sino el papado *y* el episcopado. En este respecto Veuillot le trató de heresiarca. En su periódico publicaba diariamente listas de partidarios de su idea de la infalibilidad. Un partido intermedio capitaneado por el arzobispo de París, Darboy, y por Dupanloup, calificaba de no oportuna la definición de la infalibilidad pontificia. No hay, decía Dupanloup en sus «Observaciones», necesidad de definir la infalibilidad, pues durante 18 siglos ha bastado la doctrina de la infalibilidad de la Iglesia; en Trento se había prescindido de la definición para evitar divergencias entre los obispos; la infalibilidad, que no carecía de grandes dificultades históricas y teológicas, constituiría una barrera para las iglesias orientales y para los protestantes y conduciría a conflictos con el estado.

También la mayoría de los obispos alemanes, reunidos en Fulda bajo la presidencia del arzobispo de Colonia, Melcher, en una carta de 4 de septiembre al papa, consideraban «menos oportuna» la definición de la infalibilidad pontificia. Mediante una pastoral colectiva se esforzaron por calmar la excitación que reinaba en la opinión pública: «El concilio no ha de establecer principios nuevos, sino los que la fe y la conciencia os han escrito ya en el corazón.» En cambio, los arzobispos Dechamps, de Malinas, y Manning, de Westminster, se constituyeron en propugnadores decididos de la definición. A la cabeza de los infalibilistas franceses iban el cardenal de Burdeos, Donnet, y Pie, obispo de Poitiers.

Apertura.

«Grandiosa, indescriptible», tal fue la impresión que produjo al obispo de Birmingham, Ullathorne, la sesión de apertura de 8 de diciembre de 1869. Como aula del concilio se había elegido el tramo derecho de la nave transversal de San Pedro. En ocho filas escalonadas se sentaban 642 prelados con derecho de voto, los obispos con capas pluviales bordadas de plata y blancas mitras. Los funcionarios del concilio, la oficina con los taquígrafos que registraban las sesiones, estaban sentados en el plano. A ambos lados había tribunas para los teólogos e invitados de honor. A la vista de todos se levantaba el altar; sobre un trono estaba colocada la Sagrada Escritura. «Nunca antes de hoy —decía Ullathorne—, ha visto el mundo una asamblea semejante de prelados, sea que se considere su número, o la calidad de su cultura y lo vasto de su experiencia.» Cuando añadía «que nunca concilio comenzó con mejor y más santa unanimidad», tenía también razón si se piensa en la firmeza de la fe y en la fidelidad a la Iglesia de los obispos, pero hay que restringir algo la afirmación, si se recuerdan sus diferentes posiciones en las cuestiones sobre la infalibilidad que habían surgido antes del concilio.

El concilio Vaticano superó a todos los anteriores en número de participantes. De los 1.050 (poco más o menos) obispos católicos, 774 estaban presentes. Habían acudido de las cinco partes del mundo: 146 de los países anglosajones, unos 30 de América Central y del Sur, y con ellos de regiones que en Trento habían tenido poca o ninguna representación; 40 de Alemania y Austria-Hungría; los orientales eran 50. Sólo Rusia se había opuesto al viaje de sus obispos católicos. Saltaba a los ojos más que nunca el carácter ecuménico del concilio.

El primer decreto sobre la fe.

El esquema «Sobre la fe católica», en íntima conexión con el «Syllabus», que fue distribuido como impreso de oficio el 10 de diciembre, ya en la primera de las seis congregaciones generales en que se discutió, topó con la crítica tajante del cardenal de Viena, Rauscher: no tenía en cuenta lo bastante las reales exigencias de los tiempos y olía «demasiado a escuela». El arzobispo de Halifax, Connoly, ironizaba: «Si leyeran el esquema los teólogos de Trento, se levantarían de sus tumbas y dirían: Mirad cómo procedimos nosotros.» El obispo Verot de Savannah, en Georgia, de los Estados Unidos, decía: «en lugar de rechazar errores obscuros de idealistas alemanes, valdría más condenar la tesis de que los negros no tienen alma.» Cinco años habían transcurrido desde la Guerra de Secesión.

Aunque no se «enterró» el decreto, como se había pedido durante la discusión, sin embargo, durante los meses de enero y febrero de 1870, fue totalmente reformado y redactado con más rigor por una subcomisión, en la que ejecutaron el trabajo principal el obispo Martin, de Paderborn, y los teólogos Gay y Kleutgen. En esta nueva redacción se sometió el 1.º de marzo a los padres y del 22 de marzo al 6 de abril volvió a discutirse en segunda lectura. El primer día se produjo un incidente, el único en su género en este concilio.

El obispo de Diakovár, en Bosnia, Strossmayer, uno de los mejores y más fogosos oradores de la asamblea, lamentó que el esquema hiciera recaer sobre los protestantes los errores filosóficos de la época, como el racionalismo y el panteísmo, cuando habían existido ya mucho antes de la ruptura de la fe e incluso habían sido combatidos por parte de los protestantes, como lo demostraba el libro de Guizot contra la *Vida de Jesús* de Renán. Y continuó: «Los protestantes están de hecho en el error, pero lo están de buena fe.» Entonces comenzó a inquietarse la asamblea y el presidente Capalti interrumpió al orador diciendo que allí no se trataba de los protestantes como personas, sino del protestantismo en cuanto sistema doctrinal. A lo cual repuso Strossmayer: «Agradezco a Vuestra Eminencia la lección, pero su argumento no me convence de que los protestantes hayan de cargar con todos estos errores.» Y añadió que había muchos católicos que deseaban de todo corazón que en los decretos no hubiese nada que pudiese poner obstáculo a la gracia de Dios, que no dejaba de obrar entre los protestantes. Capalti negó que el texto del decreto pudiera dar pie a ello. Pero cuando Strossmayer indicó que el principio de mayoría en las votaciones le oprimía la conciencia, se produjo tal indignación en la asamblea que el orador se vio obligado a abandonar la tribuna.

Escenas de este género se producen también en los parlamentos modernos, sin que por eso haya que concluir que esté encadenada la libertad de palabra. No le faltaba razón a la crítica de Strossmayer. El obispo de Chalons la reiteró al día siguiente sin sufrir interrupción. A ella se debió el que no pocas de las expresiones censuradas por el obispo — aunque no todas — fueran eliminadas del esquema. La mayor parte de las 300 enmiendas propuestas eran de orden estilístico.

Así, pues, el primer decreto sobre la fe, dividido en cuatro capítulos y completado con 18 cánones, fue aprobado en la tercera sesión de 24 de abril de 1870 por una mayoría de 667 votos. Los cuatro capítulos tienen por objeto: 1) la existencia y el conocimiento de un Dios personal, 2) la necesidad de la revelación divina, 3) la esencia de la fe, 4) la relación entre la fe y la ciencia.

Debates sobre cuestiones de cura de almas.

En la pausa entre los dos debates sobre el decreto de la fe, es decir, del 8 de enero al 22 de febrero, se ocupó el concilio de cuestiones de disciplina eclesiástica y de cura de almas, sobre las cuales habían llegado multitud de ponencias de todas las partes del globo, ocupando unas 300 columnas de a folio. Las condiciones de la cura de almas, que variaban de país a país explican el que los esquemas trazados por la comisión preparatoria distaran mucho de hallar la aprobación incondicional de los obispos; al contrario, fueron sometidos a un análisis sin miramientos. El arzobispo Darboy, de París, lamentaba que sólo se hablase de las obligaciones de los obispos y de sus vicarios generales, sin hacer alusión a sus derechos; faltaba en los esquemas un planteamiento claro de los problemas, conforme a la condición de los tiempos. Le daba la sensación de que el que los había redactado fuera un hombre que miraba al mundo desde el fondo de una cueva. Los cardenales Schwarzenberg, de Praga, y Matthieu, de Besançon, echaban de menos en el esquema prescripciones a los cardenales y a los oficiales de la curia. Aquí corrió por cuenta de Strossmayer el que nadie se aburriera durante hora y cuarto que duró su oración.

En el esquema sobre el modo de vida de los eclesiásticos se trató del *Breviario*. El obispo Verot, de Savannah, echaba de menos una mejor selección de las lecciones de los santos Padres: «Confieso que no puedo leer sin distraerme la homilía de san Agustín sobre los 38 años del paralítico en la piscina de Bethesda (Joh. 5, 5).» A lo cual el presidente: «Ruego al reverendísimo orador se exprese con más respeto sobre los santos Padres.» Verot: «Eminencia, mi deseo es hablar de los santos Padres con todo respeto, sólo que a veces "dormita también el buen Homero"...» «Se debían también eliminar historias apócrifas y poco felices homilías, como la de san Gregorio sobre el inminente fin del mundo.» El presidente: «El objeto de las deliberaciones es la vida de los eclesiásticos; el orador ha expresado ya suficientemente su deseo de reforma del *Breviario*.»

Ciertamente no era fácil impedir las digresiones de los oradores al tratar de temas de tal envergadura.

Con ocasión de las conversaciones sobre la introducción de un catecismo único en toda la Iglesia (8-22 de febrero) surgió la mayor divergencia de opiniones acerca de la utilidad de los catecismos de san Roberto Belarmino y san Pedro Canisio. Los esquemas fueron reformados y una vez más discutidos en mayo, pero ninguno de ellos quedó maduro para la publicación. Parece haberse comprendido que la uniformidad en este terreno no era posible y ni siquiera deseable. No se utilizó en las discusiones la enorme cantidad de preciosos materiales que se habían amontonado en las delegaciones para las órdenes religiosas, para los ritos orientales y las misiones. Sin embargo, varios decenios después prestaron buenos servicios, juntamente con los materiales sobre la disciplina eclesiástica, en la preparación del nuevo Código de derecho canónico.

Se agudiza la cuestión de la infalibilidad.

Entre tanto, la cuestión de la infalibilidad del papa, que ya antes del concilio tanto había excitado y dividido los ánimos, se convirtió en el tema dominante. Los frentes se habían formado ya en diciembre, al momento de elegirse la delegación para las cuestiones de la fe. Bajo la dirección del cardenal Manning, al que apoyaban el arzobispo Dechamps, de Malinas, y los obispos Senestrey, de Ratisbona, y Martin, de Paderborn, los infalibilistas habían formado una lista de la que estaban excluidos todos los adversarios de la infalibilidad pontificia. Éstos, en su mayoría franceses (Matthieu, Darboy, Dupanloup y otros), austrohúngaros (Schwarzenberg, Rauscher, Simor, Haynald) y alemanes (Malchers, Hefele, el obispo de Maguncia, Ketteler) constituyeron una lista contraria, que no lograron, sin embargo, llevar adelante. Los portavoces de la infalibilidad, animados por este éxito, acordaron el 23 de diciembre recoger firmas en pro de la definición de la infalibilidad pontificia. A fines de enero dirigieron una petición al papa acompañada de 380 firmas. El memorial presentado por parte de la minoría llevaba sólo 140.

Los infalibilistas, con sus métodos demagógicos, habían despertado tales recelos en la minoría que ésta consideró como una tentativa de mayorización las disposiciones complementarias sobre el estatuto del concilio publicadas el 22 de febrero. Cualesquiera que fueran las intenciones de sus promotores, no se puede negar que contribuyeron a disminuir la duración de los debates, de que se sentía tanta necesidad. Se trataba de tres disposiciones importantes: 1) ya antes de comenzar los debates se podían presentar por escrito proposiciones de enmienda, 2) el modo de votar consistiría en levantarse o permanecer sentado, 3) la ponencia de diez padres al final de un debate debía tomarse en consideración.

Lo cierto es que las disposiciones complementarias eran una innovación. El estatuto del concilio de Trento, redactado posteriormente por Masarelli y, por tanto, no oficial, no contenía tales restricciones de las discusiones orales. Este documento fue suministrado a la minoría por el prefecto del Archivo secreto Vaticano. Cinco protestas contra la innovación salidas de las filas de la minoría, quedaron sin efecto.

Si se consideran los hechos sin pasión, con la debida distancia histórica, ocurre espontáneamente la pregunta: ¿De qué manera se podía acelerar la marcha arrastrada del concilio y lograr un resultado positivo, si los casi 700 votantes, que en manera alguna estaban ligados por una disciplina de partido como en los modernos parlamentos, podían usar de la palabra sin restricción? La minoría pretendía que en cuestiones de fe había que atenerse a la «unanimidad moral» del concilio. ¿Con qué criterio se había de determinar el número de votos requeridos para destruirla? Sobre ello no había ninguna norma.

Otra consideración se impone todavía. Desde fines de año estaban enfrentados dos «partidos». Al emplear este término debemos, sin embargo, añadir, que no se trataba de partidos como en los parlamentos; sobre todo, no eran fracciones con sus reuniones periódicas y su disciplina de partido. Los partidos del concilio eran sencillamente agrupaciones de miembros que, respecto a una cuestión absolutamente concreta sentían de una misma manera, movidos exclusivamente por una decisión de su conciencia personal. Nada sería más descaminado que aplicar al concilio nuestros conceptos corrientes, aunque, desde luego, no se puedan negar ciertas analogías.

Eco en toda Europa.

Aunque se mantuvo secreto el contenido de los debates, no podían pasar inadvertidos los contrastes que se producían en el seno del concilio. La prensa se encargaba de atizar el fuego. Veuillot, que estaba personalmente en Roma, proveía de información a su periódico «L'Univers». «The Tablet», órgano de los católicos ingleses, editaba un suplemento sobre el concilio. De ningún valor eran los reportajes del corresponsal de «The Times», Mozley, por basarse en informes de segunda mano. Mucho mejor informado estaba el redactor de las «Cartas romanas del concilio», que con el pseudónimo «Quirinus» aparecían en la «Augsburger Allgemeine Zeitung». Recibía los materiales de dos discípulos de Döllinger, Lord Acton y Friedrich que, en íntimo contacto con el cardenal de curia alemán, Hohenlohe, enviaban a Munich sus reportajes a través de la embajada de Baviera en Roma. Todavía más crítica era la hoja volante «Lo que pasa en el concilio» (Ce qui se passe au concile), que se publicó en mayo en París. Los presidentes del concilio juzgaron necesario protestar públicamente contra ella, El mismo Döllinger atacó violentamente, el 21 de enero, el escrito de la mayoría sobre la infalibilidad : «Nadie, escribía, desde el principio de la Iglesia hasta nuestros días, ha creído en la infalibilidad del papa.» Fueron numerosas las adhesiones que recibió, pero el teólogo Scheeben «con inmenso dolor» — al recordar los tiempos en que Döllinger había sido uno de los líderes del catolicismo alemán — llamó al artículo una «declaración de guerra contra el concilio». Ketteler, antiguo discípulo de Döllinger, aunque era miembro entusiasta de la minoría, abandonó a su maestro. Los escritos polémicos de Dupanloup, Ketteler, Hefele, Dechamps y muchos otros autores sobre el problema de la infalibilidad llenan estantes enteros. La opinión pública europea dirigía sus miradas a Roma.

En marzo hubo todas las apariencias de que fueran a intervenir algunas de las grandes potencias. El primer ministro inglés, Gladstone, informado unilateralmente por Döllinger y Acton, acabó por renunciar a su proyecto. En Francia, el ministro del culto, Daru, amigo de Dupanloup, trató sin resultado de ganar para su causa al presidente del consejo, Ollivier. En cambio, el canciller austríaco, Beust, daba instrucciones el 11 de febrero al embajador en Roma para que hiciera presente a Antonelli que los cánones contenidos en el esquema sobre la Iglesia de Cristo, que aún no se habían discutido y trataban de las relaciones entre la Iglesia y el Estado, podían abrir un abismo entre las dos instituciones. A Antonelli le preocupaban tanto todos estos incidentes que el 25 de marzo se presentó en persona al papa abogando por que fuera retirado el esquema sobre la infalibilidad. Pío IX replicó: «¡Yo abriré la marcha!»

Debate sobre el primado y la infalibilidad del papa.

El esquema «De la Iglesia de Cristo», de que se trató en todas estas discusiones, estaba desde el 21 de enero en manos de los padres. En los c. 1-10 contenía la doctrina sobre la Iglesia en general; los c. 11-12 trataban del primado del papa, y los c. 13-15 de la posición de la Iglesia respecto a los poderes seculares. El 6 de marzo, conforme al memorial de los infalibilistas, se añadió al c. 11 un anejo sobre la infalibilidad del papa. La tensión se acentuó al propagarse el rumor de que se iba a procurar hacer aceptar por aclamación el dogma de la infalibilidad. Era infundado. El esquema sobre la Iglesia se trató conforme a los estatutos.

En marzo y abril se fueron presentando y se imprimieron las proposiciones escritas de enmienda. Llenaban 346 columnas de a folio. Basándose en estas propuestas de enmienda la delegación de la fe reformó los anteriores c. 11 y 12 del esquema y el 9 de mayo los presentó divididos ya en cuatro capítulos, dejando de lado los restantes. El 13 de mayo comenzó el memorable debate.

Desde un principio formó el problema de la infalibilidad el punto central. El arzobispo Dechamps, sin dejarse llevar de exageraciones como las del seglar Veuillot y las del ardiente Manning, expuso que la infalibilidad del papa no era personal, pues era inherente a la función, ni absoluta, pues estaba ligada a determinadas condiciones. Por otra parte contraria presentó Hefele las dificultades históricas con que chocaba la definición, en particular la «cuestión de Honorio». El último adversario de la definición, Maret, habló el 3 de junio. En total habían hablado 39 oradores en pro de la definición, y 26 en contra; aún quedaban 40 oradores en la lista. Entonces subió a la tribuna el secretario del concilio, Fessler, y notificó que 150 padres habían solicitado la clausura del debate, pues no era de esperar que aparecieran nuevos puntos de vista. La petición fue aprobada, aunque con protestas por parte de la minoría.

La conclusión del debate general no cortaba en manera alguna la palabra a la minoría, pues aún estaba pendiente el debate especial sobre el texto de cada uno de los capítulos. Ciento veinte oradores habían pedido la palabra. En la congregación general, que duró del 15 de junio al 4 de julio hablaron en pro de la infalibilidad 35 oradores, y 22 en contra. Este modo de expresarse es inexacto: los adversarios de la definición no lo eran de la infalibilidad sin más. Como con gran claridad lo manifestó el cardenal Rauscher, ellos ligaban la infalibilidad del papa y al parecer y al testimonio de la Iglesia universal. Por eso acogieron con júbilo el siguiente proyecto de canon presentado por el arzobispo Guidi, de Bolonia, el 18 de junio: «Quien dijere que el papa, al dar una decisión dogmática, obra arbitrariamente e independientemente de la Iglesia, sea anatema.» Strossmayer abrazó al orador y lo mismo Dechamps que Darboy vieron en la propuesta la base de un posible compromiso.

Por lograr tal compromiso se esforzaba ya desde febrero un «partido intermedio» capitaneado por el arzobispo de Baltimore, Spalding, partido con el que simpatizaban personalidades influyentes de la curia, como también el general de los jesuitas, Beckx. De él formaban parte entre el episcopado francés el cardenal Bonnechose, de Ruán, el arzobispo Lavigerie, de Argel, y el obispo Forcade, de Nevers; también el obispo Ullathorne, de Birmingham, cuyas cartas del concilio se cuentan, por su imparcialidad, entre las mejores fuentes de estos dramáticos acontecimientos. El partido medio se distanció de los extremistas (Manning de la mayoría, Dupanloup de la minoría) y se esforzó por lograr una formulación aceptable para todos de la doctrina de infalibilidad. «Aunque modesto e ingrato, su papel no fue inútil» (Aubert).

Definición del primado pontifcio.

Antes de ocuparnos del desenlace de estos esfuerzos, es necesario volver atrás para tratar del debate especial que versó sobre los c. 1-3 del esquema del 9 de mayo y duró del 6 al 14 de junio. Su objeto fue la institución (c. 1), la permanencia (c. 2) y la amplitud (c. 3) del primado pontificio.

Los dos primeros capítulos no ofrecieron serias dificultades, pues había unanimidad sobre la interpretación de las palabras del Señor en Mat. 16, 18 y Juan 21, 15, así como sobre la transmisión de la potestad primacial de san Pedro a sus sucesores. El capítulo tercero, en cambio, era muy escabroso. La relación entre la potestad primacial y la episcopal se había discutido violentamente desde los concilios del siglo quince: la diversidad de pareceres en Trento había puesto en peligro el concilio. Ahora se adoptaba en el esquema en cuestión la definición del concilio Florentino de la unión, pero con una cláusula aclaratoria: la potestad primacial del papa es una potestad episcopal ordinaria e inmediata sobre toda la Iglesia y todas las iglesias particulares, pero no suprime la potestad ordinaria e inmediata de los obispos en sus propias diócesis. Al cardenal Rauscher y al obispo de Angers, Freppel, anteriormente profesor en la Sorbona, se debió el que, mediante algunas modificaciones del texto, se hiciera comprensible la coexistencia de las dos potestades ordinarias. La inmediata responsabilidad de los obispos ante Dios se reforzó con el aditamento «establecidos por el Espíritu Santo» (Hechos 20, 28) como sucesores de los apóstoles. Por otra parte, por iniciativa de Manning, que en este particular contaba con el apoyo del papa, se introdujo en el canon anejo la fórmula: el papa posee «toda la plenitud de la suprema potestad» *(totam plenitudinem huius supremae potestatis)*.

La delegación adoptó sólo cuatro de las 72 propuestas de enmienda, incorporándolas al texto. La definición del primado, históricamente la más importante del concilio, recibió así su forma definitiva, según informe del obispo de Treviso, Zinelli, de 5 de julio. Los dos pasajes decisivos rezan: «Así pues, renovamos la decisión del concilio general de Florencia, según la cual todos los fieles cristianos deben creer que la santa sede apostólica y el papa de Roma poseen el primado sobre toda la tierra y que precisamente el papa de Roma es sucesor de san Pedro, príncipe de los apóstoles, verdadero vicario de Cristo y, como cabeza de toda la

Iglesia, es padre y maestro de todos los cristianos; y que en la persona de san Pedro le entregó nuestro Señor Jesucristo la plena potestad de apacentar, regir y gobernar a toda la Iglesia, como también se contiene en las actas de los concilios generales y en los santos cánones.» Después continúa la definición: «Pero es muy ajeno a la verdad que tal potestad del sumo y supremo sacerdote menoscabe la potestad ordinaria e inmediata de la jurisdicción episcopal, en virtud de la cual los obispos que, establecidos por el Espíritu Santo, han sucedido en lugar de los apóstoles, apacientan y rigen, como verdaderos pastores, las greyes que les han sido asignadas, cada uno la suya; antes bien esta potestad es protegida, consolidada y defendida por el supremo y universal pastor...»

La definición de la infalibilidad pontificia.

En la congregación general de 11 de julio el obispo de Bressanone, Gasser, durante cuatro horas informó extensamente y con notoria imparcialidad sobre la labor de la delegación acerca del capítulo cuarto del esquema de decreto relativo a la infalibilidad del papa: se había debido tener en cuenta 144 propuestas de enmienda. Dos días después se votó sobre este capítulo. Fue el día crítico del concilio: 451 padres votaron «sí» *(placet)*, 88 «no» *(non placet)*, 62 votaron «sí con condición» *(placet iuxta modum)*. Las propuestas de enmienda del tercer grupo exigieron todavía una deliberación, en la que se fijó el texto definitivo de la definición de la infalibilidad. El pasaje decisivo decía: «Que el papa de Roma, cuando habla *ex cathedra,* es decir, cuando desempeña su función como pastor y maestro de todos los cristianos y decide definitivamente en virtud de su suprema autoridad eclesiástica que una doctrina sobre la fe o las costumbres debe ser tenida firmemente por cierta por toda la Iglesia, goza, por razón de la asistencia divina, que le fue prometida en la persona de san Pedro, de la infalibilidad de que el divino Salvador quiso estuviera provista su Iglesia al determinar definitivamente sobre una doctrina tocante a la fe o a las costumbres; y que, por consiguiente, tales decisiones defintivas del romano pontífice son por sí mismas, y no por el asentimiento de la Iglesia, irreformables.»

Este texto, cuya última frase excluía la cooperación de la Iglesia en las decisiones doctrinales pontificias (exigida como necesaria por la minoría de los obispos), fue aceptado en la última congregación general del concilio de 16 de julio por casi todos los votos de los 552 obispos presentes. Si se compara este número de votos con el de la votación precedente, salta inmediamente a la vista una notable diferencia. ¿Dónde habían quedado los demás votos?

El 15 de julio, una delegación de la minoría, compuesta por el arzobispo de París, Darboy, y los de Gran, Simor, y de Munich, Scherr, y por los obispos Ginoulhiac, de Grenoble, y Ketteler, de Maguncia, habían a última hora suplicado al papa que a fin de facilitar la aceptación unánime del decreto, se suprimieran la fórmula de la plenitud de la potestad en el tercer canon y las palabras «y no por el asentimiento de la Iglesia», y que en lugar de éstas se insertara un pasaje de este tenor: El papa, al dar una decisión doctrinal infalible, debe apoyarse en el testimonio de las iglesias (particulares). El papa desechó estas modificaciones porque no quería injerirse en las decisiones del concilio. Entonces la minoría, bien mermada numéricamente, decidió a instigación de Dupanloup ausentarse de la sesión solemne y emprender el viaje. 55 padres pertenecientes a la minoría dirigieron al papa una carta colectiva justificando este paso.

En la cuarta sesión del concilio, del lunes, 18 de

julio, se aprobó por 533 votos positivos y 2 negativos (Fitzgerald de Little Rock y Riccio de Cajazzo) la constitución «Pastor Aeternus» y al mismo tiempo se acordó la suspensión del concilio. Durante la sesión descargó una fuerte tormenta. Por hora y media se sucedieron relámpagos y truenos. «Jamás he visto escena más impresionante», escribía el corresponsal de «The Times», Mozley. Cuando se llevó al papa el resultado de la votación, era la obscuridad tan densa que hubo que encender un candelabro para que Pío IX pudiera leer el texto de la confirmación : «Definimos con asentimiento del santo concilio todo, según ha sido leído, y lo confirmamos en virtud de la autoridad apostólica.»

Aceptación y contradicción.

Al día siguiente de la sesión estalló la guerra franco-prusiana. Dos meses después, el 21 de septiembre, ocupaban la ciudad de Roma las tropas piamontesas. Desde entonces fue Pío IX el «prisionero del Vaticano». Por el momento no había que pensar en reanudar el concilio que, hasta hoy, no se ha clausurado formalmente.

Los dos decretos dogmáticos del concilio Vaticano, en cuanto fueron aceptados en presencia del papa e inmediatamente confirmados por él, tienen, conforme al modelo de los concilios de Letrán, la forma de constituciones pontificias. Definen dos sectores del dogma católico que intrigan al hombre moderno. La constitución «Dei Filius» de 24 de abril de 1870 precisa la relación entre la fe y la ciencia, el conocimiento de fe y el conocimiento racional ; la constitución «Pastor Aeternus» de 18 de julio de 1870 establece la amplitud de la potestad primacial del papa y la infalibilidad del magisterio pontificio. Esta última definición colma, por lo menos en parte, la laguna que había dejado el concilio Tridentino; la doctrina de la Iglesia como un todo, que tampoco había sido definida en Trento, pero estaba contenida en el primitivo esquema del concilio Vaticano, no llegó a tratarse. Si se da una mirada retrospectiva, se siente uno inclinado a descubrir una razón providencial: los «tiempos de la Iglesia» no habían despuntado aún.

El concilio Vaticano no emanó decretos disciplipares, como lo habían hecho casi todos los anteriores concilios. Pero la discreta labor preparatoria concerniente a todos los sectores de la cura de almas, que se llevó a cabo en las cinco comisiones preparatorias y en las correspondientes delegaciones, no cayó en el vacío. Pío x en su reforma legislativa y los padres del nuevo código eclesiástico, el *Codex Iuris Canonici,* se surtieron de los materiales acumulados entonces.

Dos días después de la sesión de clausura, escribía Dupanloup: «Se ha decidido contra nosotros. Ni una sola palabra que pudiera interpretarse en mal sentido.» Ningún obispo de la minoría rehusó la sumisión. La mayor parte lo hicieron en seguida, algunos necesitaron tiempo para acomodarse interiormente con la decisión: así Hefele y Haynald; el último en notificar su sumisión, en diciembre de 1872, fue Strossmayer. Por mucho que en el concilio hubieran discrepado los pareceres en cuanto a los detalles, una misma actitud de fe católica unía a todos los obispos. En el mundo entero se recibió con júbilo a los obispos a su regreso a sus patrias. Cuando el 10 de noviembre hizo su ingreso en Baltimore el arzobispo Spalding, le aguardaba una muchedumbre de 50.000 almas, se echaron al vuelo las campanas de todas las iglesias católicas y en solemne cortejo se le acompañó a la catedral. Otro tanto en Inglaterra, en Irlanda, en Bélgica; en Francia, donde la polémica antes del concilio y durante él había levantado las mayores oleadas, no surgió la menor oposición. El conde Montalembert, amigo de Dupanloup y de Döllinger, murió el 13 de marzo de 1870, antes de que tuviera lugar la decisión. Pocos días antes de morir había escrito, casi nos atrevemos a decir proféticamente: «A pesar de todas las apariencias contrarias, tengo la firme persuasión de que, tras muchas amarguras y tormentas, esta crisis acabará por ser saludable y purificadora.»

Más dificultades encontró la aceptación de la decisión conciliar en los países de habla alemana. Los obispos alemanes declararon en una pastoral colectiva de 30 de agosto: «El magisterio infalible de la Iglesia ha decidido, el Espíritu Santo ha hablado por boca del vicario de Cristo y del episcopado en unión con él; por tanto, todos, obispos, sacerdotes y fieles, deben acatar con fe firme estas decisiones como verdades reveladas por Dios.» Una mayoría aplastante obedeció a esta exhortación; no así una parte de los intelectuales. Su cabecilla era Döllinger.

El arzobispo Scherr, a su regreso a Munich, dijo a Döllinger que le recibió en la estación: «¡Vamos al trabajo!» Döllinger replicó: «¡Por la vieja Iglesia!» El arzobispo: «No hay más que una Iglesia.» Döllinger: «Han creado una nueva.»

En una conferencia organizada por Döllinger en Nürenberg, un grupo de profesores e intelectuales declaró el 25 de agosto al concilio Vaticano como no ecuménico y negaron la libertad de sus decisiones. Döllinger mismo, que, tras reiterados requerimientos del arzobispo, se negó a someterse, fue excomulgado el 17 de abril de 1871. Sus adherentes se agruparon en la iglesia de los «Viejos Católicos» y el 14 de junio de 1873 eligieron por su obispo, en Colonia, al ex profesor de teología de Breslau, Reinkens, quien poco después recibió, en Deventer, de manos de un obispo jansenista la consagración episcopal. La protección que otorgó el estado prusiano a los eclesiásticos viejocatólicos fue uno de los motivos del «Kulturkampf» (combate por la cultura) prusiano. De manera análoga se comportó Baviera, donde el ministro de cultura, Lutz, consideró las decisiones vaticanas como peligrosas para el estado. Austria las tomó como pretexto para denunciar el concordato concluido con la Santa Sede el año 1855, pues había cambiado la parte contrayente. La tentativa de Hungría de aplicar contra la publicación de los decretos un «placet» sacado de la trastera eclesiástico-política, se estrelló contra la protesta del primado Simor: ningún estado había impedido la publicación de los decretos.

Éstos han pasado a la conciencia católica de la Iglesia. El irremediable abismo entre la Iglesia y el mundo culto moderno que temían muchos observadores, incluso avisados, no ha sobrevenido. Los papas que han sucedido a Pío IX, sobre todo su inmediato sucesor, León XIII, han ejercitado con sus encíclicas el magisterio ordinario en mayor grado que la mayor parte de sus antecesores, pero raras veces se han decidido a dar declaraciones *ex cathedra,* únicas que son objeto de definiciones pontificias. La autoridad moral del papado ha crecido incesantemente.

Ojeada retrospectiva. Panoramas.

Una mirada retrospectiva a la historia de los concilios ecuménicos puede ser para el lector un motivo de meditación, distinta para el católico, para el protestante o para el griego ortodoxo, y aún más distinta si el lector no es cristiano. No pretendemos ordenar en cierta manera los puntos de meditación, sino desgranar sin rigor lógico algunas reflexiones, con las que no pocos lectores estarán seguramente de acuerdo.

En primer lugar, se ofrece a la consideración la geografía de los concilios y el consiguiente «problema de comunicaciones». Si trazamos una línea que pase por las diversas sedes de los concilios, resulta una curva que partiendo del puente euroasiático en que están situadas Nicea, Constantinopla, Éfeso y Calcedonia, pasa por Roma, continúa por Francia y por los países de habla alemana y por Ferrara-Florencia y Trento vuelve otra vez a Roma. Ocho de los veinte concilios ecuménicos se celebraron en el oriente griego, que iba a la cabeza de la especulación teológica en la antigüedad; los doce restantes se reparten entre tres grandes núcleos de la cristiandad occidental, Italia, Francia y Alemania: Roma va la cabeza con seis concilios. No es esto una pura materialidad, como pudiera parecer; es mucho más: demuestra la posición del papado como guía y la importancia de estos tres países para la marcha interna de la Iglesia.

En diecinueve de los veinte concilios es el mismo en sustancia el estado de las comunidades. Se viajaba a pie, a caballo y por mar. Los miembros de los antiguos concilios disponían, como dignatarios del imperio, de las vías de comunicación imperiales con las etapas de relevo estatales, que ya no existían en la edad media. Por eso se explica el que sean relativamente raros los obispos portugueses, irlandeses o escandinavos en los concilios de la alta edad media, lo cual no se debía sólo a las distancias, sino al costo de tales viajes, tanto más sensibles para quien, como aquel obispo irlandés del tercer concilio de Letrán, cifraba su existencia en el producto de sus tres vacas. Tenemos noticia de viajes conciliares de enorme duración. Bartolomé de Martyribus abandonó su sede episcopal de Braga el 24 de marzo de 1561 y, por España y el sur de Francia, llegó a Trento el 18 de mayo, invirtiendo, por tanto, en el viaje poco menos de dos meses. No menos molesta, y a la vez peligrosa, era la travesía por mar. Una de las dos naves que debían conducir al segundo concilio de Lyón, a los enviados bizantinos, naufragó en el cabo meridional del Peloponeso, salvándose sólo uno de los pasajeros. El español Martín Pérez de Ayala refiere en su autobiografía que a su regreso del segundo período legislativo de Trento, hubo de permanecer tres semanas en Ibiza, detenido por los vientos contrarios y el peligro de los piratas. Por primera vez los miembros del concilio Vaticano tuvieron a su disposición el ferrocarril y los barcos de vapor, razón por la cual este concilio se vio más frecuentado que todos los precedentes.

Sería tentador detenerse en semejantes reflexiones de historia de la civilización. Hay, sin embargo, una todavía más importante, que se impone a lo largo de la historia de los concilios. Si se compara la historia de la Iglesia con un tapiz en el que estén estretejidas sus vicisitudes, aparecen los concilios como el dibujo que se va repitiendo en el tapiz, aunque siempre con detalles distintos. Precisamente nuestra manera histórica de considerar a la Iglesia es de tal condición que a primera vista en el teatro de los acontecimientos históricos hace más impresión lo variable que lo permanente.

Por lo pronto, ¡qué cambios en la puesta en escena! Constantino el Grande en su residencia de verano en Nicea, en medio de los obispos, que han asistido al gran cambio histórico, habiendo, en parte, pasado por la prueba de la persecución. Dos emperatrices, Pulqueria e Irene, que tienen parte en la organización y se encargan de la protección del concilio de Calcedonia y del segundo de Nicea. Multitudes entusiastas que se exaltan celebrando al «theotokos» que acaba de sacar triunfante Cirilo de Alejandría. Un papa rey, Inocencio III, en su iglesia episcopal de Letrán, rodeado por la corona de dignatarios de toda la cristiandad, unida todavía en la fe. El suspiro lleno de presentimientos de Tadeo de Suessa cuando ve apagarse los cirios en la catedral de Lyón después de la deposición de Federico II. Los miles y miles de almas que se apiñan ante la lonja de Constanza cuando, después de 39 años de cisma, se oye proclamar: ¡Tenemos papa! La modesta procesión de obispos que, a los 28 años de la fijación de las tesis de Wittenberg, penetran en la catedral de Trento para iniciar el concilio más reciamente combatido y más prolongado de todos los tiempos.

En esta sucesión de estampas se observa una mudanza continua de personajes, los participantes en los concilios, y de substancia espiritual, a saber, las tareas y las materias de deliberación de los mismos.

Los más antiguos concilios y los más recientes tienen de común el haber sido concilios puramente de obispos. En el intermedio vemos ampliarse el círculo de participantes, que se extiende a los abades —signo de la importancia del monacato para la cristiandad occidental—, a los representantes de corporaciones eclesiásticas, como los cabildos y las universidades, en fin, a los representantes de los poderes seculares. En los concilios de la alta edad media está representada no sólo la Iglesia, sino toda la cristiandad, en su aspecto espiritual y temporal. En vano se pretende descubrir en Basilea una especie de parlamento eclesiástico.

Las materias de consulta han variado también. La razón primera y el objetivo principal de los antiguos concilios fue la solución de controversias doctrinales mediante la fijación conceptual de los dogmas cristianos fundamentales. Los cánones en que se concretó su actividad legislativa eran una añadidura, desde luego muy importante en el terreno administrativo, litúrgico y pastoral; durante medio milenio fueron las colecciones de cánones norma de vida de la Iglesia y en ellos se basa desde el siglo once la ciencia del derecho canónico.

En los concilios de la alta edad media interesa, ante todo, poner orden en la Iglesia y en el mundo.

Regulan la elección papal y los cargos eclesiásticos, disponen treguas de Dios e impuestos de cruzada, condenan a herejes, precisamente como perturbadores del orden eclesiástico y social. Desde fines del siglo trece la reforma eclesiástica, titulada en lo sucesivo «reforma de la cabeza y de los miembros», constituye el tema capital de los concilios y sigue siéndolo hasta que llega a ser Trento sencillamente el concilio de la reforma. El mismo concilio traza la línea divisoria entre la doctrina católica y la protestante. Cismas papales están a la orden del día en el segundo y tercer concilio de Letrán, y aún más en el concilio de Constanza. Cismas entre las Iglesias de Oriente y Occidente ocupan al octavo concilio, contra Focio, así como al segundo concilio de Lyón y al de Ferrara-Florencia.

Ha cambiado el estatuto de los deliberaciones. Poco sabemos sobre las deliberaciones de los dos primeros concilios, como tampoco de los de Letrán antes de Inocencio III, por no haberse redactado protocolos. Pero en los casos en que se han conservado las actas, las sesiones de los antiguos concilios dan la sensación de discusiones extremamente animadas.

Las sesiones cambian de carácter en la edad media para convertirse en actos finales canónico-litúrgicos, en los que se recapitulaba lo anteriormente tratado en las asambleas plenarias o congregaciones generales, que desde la reforma conciliar del siglo quince constituían el núcleo de la actividad conciliar. Junto a ellas adquieren cada vez más importancia las delegaciones, elegidas o nombradas para la preparación de los decretos. El estatuto de las negociaciones fue en el concilio Vaticano objeto de violentas polémicas. Los concilios son en verdad asambleas eclesiásticas, pero dado que la Iglesia es Iglesia en la tierra, en su historia repercute el vaivén de relaciones entre Iglesia y Estado hasta caer en el campo magnético de la gran política. Para Constantino el Grande fue la convocación del Niceno un caso de política. Justiniano pretendía, mediante el segundo concilio de Constantinopla, ligar más estrechamente con el imperio al Egipto monofisita. En el primer concilio de Lyón se depuso a un emperador. Felipe el Hermoso llevó adelante en Viena el proceso de los templarios a fin de sanear sus finanzas. Francisco I de Francia saboteó el concilio de Trento porque veía en él un acrecentamiento de la potencia de Carlos V. Incluso el concilio Vaticano, en cuya convocación se tuvo buen cuidado de descartar a las potencias, ocupó a los grandes hombres de estado de la época, Gladstone y Bismarck.

Sólo quien considere superficialmente la historia verá en estos motivos políticos de los convocantes, así como en sus repercusiones políticas, la función capital de los concilios. Como tampoco sería menos superficial pasar por alto lo permanente en la continua sucesión de los fenómenos.

Algo permanente es la cooperación de la cabeza y los miembros del cuerpo de Cristo en la profesión de una fe común y en la realización de las tareas que impone a los apóstoles y a sus sucesores el encargo de Cristo de misión y de cura de almas. Las palabras del Señor : «Como me envió el padre, así os envío yo ; id y enseñad y bautizad a todas las gentes ; yo estoy con vosotros hasta el fin de los tiempos» legitiman el empeño de los obispos reunidos en concilio de ordenar la doctrina y la disciplina eclesiásticas. La conciencia de gozar de la asistencia del Espíritu Santo en la práctica del magisterio es en ellos exactamente tan viva como en los apóstoles que encabezaban su decisión con las palabras : «Nos ha parecido al Espíritu Santo y a nosotros.»

La asistencia del Espíritu Santo que, según la doctrina católica, garantiza la infalibilidad de las decisiones conciliares, no excluye en modo alguno los esfuerzos intensos por descubrir la verdad, sino que los presupone y los impone. En una comunidad se llega a descubrir la verdad a través del diálogo de dos interlocutores, mediante un torneo intelectual. Como dondequiera que las personas luchan mutuamente por la verdad, también en los concilios se paga tributo a lo humano, y a lo demasiadamente humano: lo primero lo quiere Dios, lo segundo únicamente lo permite. Se podrá pensar lo que se quiera sobre los métodos de Cirilo en Éfeso o sobre los de Inocencio IV en el segundo concilio de Lyón, pero no por eso habrá que poner en tela de juicio la legitimidad de los resultados de ambos concilios. El tributo de humanidad que pagan los concilios es el tributo que debe satisfacer la Iglesia visible por su visibilidad en medio de los hombres.

Los esquemas conciliares no son todavía decisiones. No por ansia de criticar, sino por deber de conciencia señalaron los padres del concilio Vaticano las deficiencias de los esquemas disciplinares, como fue también deber de conciencia el que el presidente velara por el orden y el progreso en las negociaciones. En los concilios hay «partidos» y hay «oposición», y hasta se puede decir que un concilio sin oposición infundiría sospechas de no ser un concilio libre. La oposición de los antioquenos en Éfeso, como la de los alejandrinos en Calcedonia desempeñó una función en la búsqueda de la verdad. La escuela agustiniana en Trento contribuyó a que en el decreto de la justificación se diera más vigoroso relieve al papel de la fe y de la justicia de Cristo. También los partidos de centro tenían su destino providencial. Como fueron los neonicenos quienes pusieron fin a la disputa sobre el ὁμοούσιος así también en el Vaticano el partido del centro contribuyó a aclarar la esencia y los límites de la infalibilidad pontificia.

Un concilio debe saber tolerar la presencia de elementos discordantes, como el obispo Martelli, de Fiésole, el impertérrito propugnador de los derechos episcopales en el Tridentino, y el obispo Strossmayer, fogoso defensor de la libertad de palabra en el Vaticano. Un concilio debe incluso mantenerse a flote en medio de las intrigas, como las urdidas por Simonetta y Manning, en la confianza de que al fin la verdad y sólo la verdad ha de triunfar. El que a menudo en los concilios se proceda muy humanamente, no arguye nada contra su autoridad : más bien es una confirmación de su libertad. Una asamblea de gentes que a todo dijeran amén, no sería un concilio, sino una caricatura de concilio.

* * *

Su Santidad Juan XXIII, al anunciar un Concilio Ecuménico el 25 de enero de 1959, ha desmentido las voces de los que decían que la definición de la infalibilidad en el concilio Vaticano había sido el fin de los concilios. El rigor interior y exterior de la constitución de la Iglesia que, superando el centralismo fiscal de la edad media, comienza en Trento y alcanza su apogeo en el concilio Vaticano, se distingue marcadamente de las dictaduras, ya que no suprime, ni puede suprimir, la vida propia y la propia responsabilidad de los miembros. Por eso conservan los concilios ecuménicos su función en la vida histórica de la Iglesia. Quizá se pueda incluso ir más lejos y decir : Nuestros tiempos reclaman un concilio y facilitan su organización.

Esto último es a todas luces evidente. La rapidez de información y la facilidad de comunicaciones han suprimido las distancias entre las partes más remotas del globo, de modo que la convocación de un concilio es hoy día infinitamente más fácil que en cualquier tiempo pasado. Desde el punto de vista puramente técnico sería posible reunir un concilio en una semana. La transmisión de las invitaciones, que en los reducidos límites del mundo grecorromano o de la cristiandad occidental exigía meses enteros, podría hoy realizarse en horas, a pesar de hallarse los destinatarios dispersos por las cinco partes del mundo.

Mucho más importante es el otro aspecto, el de necesidad. El mundo ha alcanzado una unidad desconocida en otros tiempos. Focos políticos de explosión, como Corea o el Tibet, interesan al europeo lo mismo que Hungría o Berlín. El intercambio de productos rebasa las fronteras y los océanos. El encargo universal de misionar confiado por Cristo no tropieza con las mismas barreras que en lo pasado, los problemas de las misiones son ya en todo el rigor de la palabra nuestros problemas, una cuestión de existencia para la Iglesia y hasta para el cristianismo. Se deben superar las reacciones de los pueblos de Asia y de África ante el colonialismo; el europeísmo de los métodos de evangelización debe ser descartado con una bien ponderada acomodación.

¡Qué de posibilidades no ofrece un concilio ecuménico para hallar soluciones objetivas y establecer lazos entre los hombres!

La solución de cismas, la restauración de la unidad de la fe y de la Iglesia ocupó a la mayoría de los concilios. Salta a la vista que tras medio siglo de movimiento ecuménico sin participación de la Iglesia, el problema de la unidad de los cristianos se ha hecho más agudo que nunca. Y aún queda completamente por resolver esta cuestión: ¿Se debe interesar a los obispos y a la dirección de las iglesias orientales y reformadas? Y en caso de respuesta afirmativa, ¿en qué forma se debe realizar? El derecho canónico tiene establecido quiénes hayan de participar en un concilio ecuménico; sin embargo, no parece fuera de propósito el pensar que, a imitación de los concilios medievales, para determinados efectos se pueda ir más allá de los límites fijados.

La más alta misión de los concilios ecuménicos fue siempre salvaguardar la predicación de la fe mediante la delimitación neta de la doctrina católica frente a los errores del tiempo; ha habido concilios que no dictaron disposiciones disciplinares, pero ninguno que no refutara algún error o excluyera de la Iglesia a algún hereje. Ningún error de nuestros tiempos debe preocupar más que la desfiguración, por no decir destrucción, del concepto cristiano del hombre bajo el influjo de doctrinas sociales ateas. Ninguna verdad de fe exige con tanta urgencia ser precisada, en nuestros «tiempos de la Iglesia», como el concepto mismo de Iglesia.

La historia de la Iglesia no es profecía. No tiene la presunción de dar a los guías responsables de la Iglesia un consejo que nadie le pide. Sólo aspira a servirse del conocimiento de lo pasado para aguzar su visión de lo presente y su mirada hacia lo futuro.

FUENTES E INDICACIONES BIBIOGRAFICAS

Las indicaciones que damos a continuación no pretenden, naturalmente, ser una bibliografía científica de la historia de los concilios y ni siquiera una selección de la misma. Su objeto es doble: indicar con más precisión los trabajos de los autores que he utilizado y, cuando se daba el caso, citado en mi texto sin dar una referencia exacta de la obra; también he querido dar a conocer al lector los medios de que puede servirse, si desea profundizar sus conocimientos de la materia.

Obras generales.

Ningún sector de la historia eclesiástica, ni siquiera la hagiografía, se vio tan pronto provisto de compilaciones o colecciones de fuentes como la historia de los concilios. Sólo dos generaciones después de la invención de la imprenta, el año 1524, aparecía ya en París la colección, todavía bastante incompleta, en dos tomos, de derechos y actas de los concilios, de Jacques Merlin. Los padres del concilio de Trento utilizaron una ampliación de esta obra por el franciscano Pedro Crabbe, de Malinas, cuya primera edición en dos tomos (1538) y la segunda en tres (1551) salió de las prensas de Quentel, en Colonia; de la tercera edición en cuatro tomos se encargó el cartujo Lorenzo Surius, en 1567, y de la cuarta en cinco tomos, el canónigo de Colonia, Severino Bini, en 1606.

Estas primeras colecciones de concilios contenían únicamente textos latinos. Los primeros textos originales griegos aparecieron en la edición romana de los *Concilia generalia,* única de carácter oficioso, promovida por Sixto V y publicada bajo Paulo V, de 1608 a 1612. Luego se pusieron los franceses a la cabeza: la edición de París, «editio regia», de 1644 era una impresión de lujo en 37 volúmenes de a folio. Esta edición fue aventajada en contenido por los *Sacrosanta concilia* de los dos jesuitas FELIPE LABRÉ y GABRIEL COSSART, que apareció en París en 17 volúmenes (1671-1672) y a la que volvió a hacer ventaja la *Collectio regia maxima* del jesuita JUAN HARDOUIN, en 12 volúmenes, que por dificultades de la censura no llegó a publicarse hasta quince años después de su preparación, el 1725. Era con mucho, la mejor de las ediciones conocidas hasta entonces, como elaborada con más penetrante crítica.

Entonces volvieron a tomar la dirección los italianos. Basándose en los trabajos de los franceses, SEBASTIÁN COLETI, partiendo de la colección de Labbé-Cossart, publicó en Venecia (1728-1733) una colección de 23 tomos; finalmente Juan Dominico Mansi, su *Amplissima collectio,* en 31 volúmenes, en Florencia (1759-1798). La colección de MANSI es todavía en nuestros días la obra «standard» de fuentes para la historia de los concilios. Así se explica que Petit y Martin hayan cuidado una reimpresión en Lyón (1899-1927), que en 60 tomos contiene, además de los antiguos, los concilios generales y los más importantes de los particulares del siglo XVI al XIX.

Una vista de conjunto sobre el origen de estas colecciones más antiguas de concilios da el benedictino H. QUENTIN, *J. D. Mansi, et les grandes collections conciliaires* (1900).

Sólo de los concilios ecuménicos tercero al quinto y de los concilios de Constanza, Basilea, Ferrara-Florencia y Trento poseemos ediciones modernas de fuentes, publicadas a base de nuevos estudios sobre manuscritos. Las mencionaremos en las secciones correspondientes.

En Hardouin y Mansi se basa la vasta exposición de la historia de los concilios de C. J. HEFELE, más tarde obispo de Rottenburg, *Conciliengeschichte,* 9 tomos (los tomos 8 y 9 por F. HERGENRÖTHER; de los 1-6 hay segunda edición), 1855-1890. Esta obra «standard» fue traducida al francés y puesta al nivel de la investigación moderna por el benedictino H. LECLERQ, *Histoire des Conciles,* 1907-1921. Ambas obras llegan sólo hasta el quinto concilio de Letrán; la continuación por P. Richard, relativa al concilio de Trento, apareció en 1930-31. Una vista de conjunto, aunque incompleta, de la bibliografía reciente sobre historia de los concilios contiene mi artículo: *Nouvelles données sur l'histoire des Conciles,* en «Cahiers d'histoire mondiale» I (1953) 164-178. Artículos sobre los concilios en general y breves exposiciones sobre los concilios en particular se pueden leer en las grandes enciclopedias teológicas, entre las que sólo mencionaré el *Dictionnaire de théologie catholique* (desde 1903), el *Lexikon für Theologie und Kirche* (desde ² 1957) y *Die Religion in Geschichte und Gegenwart* (desde ³ 1957).

Las decisiones de fe de los concilios en su texto original se hallan en H. DENZINGER, *Enchiridion symbolorum* (³¹ 1957), obra traducida al castellano con el título de *El magisterio de la Iglesia* (Barcelona ² 1959). Sobre la posición de los concilios en la historia del derecho y administrativa orienta H. E. FEINE, *Kirchliche Rechtsgeschichte* (² 1954). Sigue siendo clásica la obra de P. HINSCHIUS, *Kirchenrecht* III (1883) 325-666.

Sobre la primera parte.

La más importante edición de fuentes, notablemente más amplia que la de Mansi, son las *Acta Conciliorum Oecumenicorum*, ed. por EDUARDO SCHWARTZ, cuatro secciones en 25 vols. (1914-40), que contienen las fuentes de los concilios ecuménicos 3.º, 4.º y 5.º. De los numerosos estudios que acompañaron a la grande obra, me limito a citar : E. SCHWARTZ, *Ueber die Bischofslisten der Synoden von Chalkedon, Nicaea und Konstantinopel:* Abhandlungen der Bayr. Akad. der Wiss., Phil.-Hist. Klasse NF 1937, 13. Sobre la convocación y confirmación de los antiguos concilios dio la pauta F. X. FUNK, *Kirchengeschichtliche Abhandlungen und Untersuchungen* I (1897) 39-121. Acentuó más que Funk la función de los papas en los antiguos concilios C. A. KNELLER, *Papst und Konzil im ersten Jahrtausend,* en «Keitschrift für Katholische Theologie» 27 (1903) 1-36, 391-428, con la continuación de los años siguientes ; recientemente, F. DVORNIK, *Emperors, Popes and General Councils,* en «Dumbarton Oaks Papers» 6 (1951) 1-23. Concisa, pero segura exposición de las controversias trinitarias y cristológicas en K. BIHLMEYER—T. TÜCHLE, *Kirchengeschichte* I (¹² 1951). Los cánones de los concilios de la antigüedad están reunidos con claridad en la obra del mismo título de F. LAULHERT (1896). Las citas en el texto se refieren a la *Bibliothek der Kirchenväter* de KÖSEL.

Para el concilio de Calcedonia es fundamental la obra colectiva de los jesuitas de St. Georgen-Francfort, con ocasión del centenario de 1951 : A. GRILLMAIER—H. BALHT, *Das Konzil von Chalkedon. Geschichte und Gegenwart,* 3 vols. (1951-54). Para el estudio del ambiente político y cultural, sobre todo de los últimos concilios de la antigüedad es imprescindible G. OSTROGORSKY, *Geschichte des by-*

zantinischen Staates ([2] 1952). Los Pasajes de la crónica de Teófanes relativos al 7.º concilio ecuménico, en L. Breyer, *Bilderstreit und Araberslurm in Byzanz* (1957). Sobre Focio, F. Dvornik, *Le Schisme de Photios, Histoire et légende* (1950).

Sobre la segunda parte.

Las fuentes principales se hallan en Mansi y en los Anales Eclesiásticos de Raynald. Conviene además consultar las historias de los papas. Sobria y segura es la de F. X. Seppelt, *Geschichte der Päpste* II-IV (1955-57). Animada, pero a veces unilateral en el juicio, la de J. Haller, *Das Papstum* III-V (1952-53).

Sigue siendo básica para comprender el paso de la edad antigua a la edad media A. Hauck, *Die Rezeption und Umbildung der allgemeinen Synode im Mittelalter*, en «Historische Vierteljahrschrift» 10 (1907) 456-482. Para los datos sobre la composición personal de los concilios medievales he seguido a G. Tangl, *Die Teilnehmer an den Allgemeinen Konzilien des Mittelalters* (1922) ; para el 4.º concilio de Letrán he utilizado además a H. Tillmann, *Papst Innocenz III* (1954).

De suma importancia para la posición de los Papas respecto a los concilios de Lyón son los estudios de St. Kuttner, *Die Konstitutionen des ersten Allgemeinen Konzils von Lyon*, en «Studia et Documenta Historiae et Iuris» 6 (1940) 71-110 ; *Conciliar Law in the Making. The Lyonese Constitutions (1274) of Gregory X in a Manuscript at Washington*, en «Miscellanea Pio Paschini II» (1949) 39-81. Para el concilio de Viena es fundamental la monografía de E. Müller (de la escuela de H. Finke), *Das Konzil von Vienne* (1934).

Sobre la tercera parte.

B. Tierney, *Fondations of the Conciliar Theory* (1955) ha descubierto las raíces de la teoría conciliar en la ciencia canónica. Acerca de su papel en la composición del gran cisma sigue siendo fundamental el sólido estudio de F. Bliemetzrieder, *Das Generalkonzil im Grossen Abendländischen Schisma* (1904). Se puede consultar también a H. Heimpel, *Dietrich von Niem* (1932) ; V. Martin, *Les origines du Gallicanisme*, 2 vols. (1939) ; E. F. Jacob,

Studies in the Conciliar Epoch (1943) ; J. GILL, *The Council of Florence*, (1959).

Fuentes del concilio de Pisa de 1409 : J. VINCKE, *Acta concilii Pisani*, en «Römische Quartalschrift» 46 (1938) 81-331. Del mismo autor : edición de *Briefe zum Pisaner Konzil* (1940) y *Schriftstücke zum Pisaner Konzil* (1942). La relación sobre las negociaciones con Benedicto XIII está tomada de F. EHRLE, *Martin von Alpartils Chronica actitatorum temporibus Benedicti XIII* (1906).

Sobre el concilio de Constanza : además de la pintoresca *Chronik Ulrichs von Richental* (ed. de M. R. BUCK, 1882), el gran repertorio de fuentes de H. FINKE, H. HEIMPEL y J. HOLLNSTEINER, *Acta concilii Constantiensis*, 4 vols. (1896-1928). Véase H. FINKE, *Bilder vom Konstanzer Konzil* (1903) ; el mejor resumen en J. HOLLNSTEINER, *Die Kirche im Ringen um die christliche Gemeinschaft* (1940) 269-294.

La publicación de fuentes más importantes sobre el concilio de Basilea : *Concilium Basiliense*, ed. por J. HALLER, H. HERRE y C. BECKMANN, 8 vols. (1896-1936). Igualmente sobre el concilio de Ferrara-Florencia : *Concilium Florentinum*, ed. del Pontificio Instituto Oriental de Roma, 6 vols. (1940-55). Véase sobre el particular el estudio del director de esta publicación, G. HOFMANN, *Papato, conciliarismo, patriarcato* (1940).

Una visión de conjunto del influjo ulterior de la teoría conciliar en el siglo XV y a principios del XVI, en el primer libro de mi *Geschichte des Konzils von Trient* ([2] 1951).

Sobre la cuarta parte.

Hay una edición oficial de los decretos del concilio de Trento, impresa en 1564 por Pablo Manucio y seguida de innumerables reimpresiones. Edición facsímil del autógrafo de Massarelli de las siete primeras sesiones, con excelente introducción de ST. KUTTNER, *Decreta septem priorum sessionum Concilii Tridentini sub Paulo III* (1945). Breve historia del origen de los decretos, en A. MICHAEL, *Les décrets du concile de Trente* (1938). La verdadera obra de consulta, aún no terminada es el *Concilium Tridentinum* de la GÖRRES-GESELLSCHAFT; hasta ahora 12 vols. (1901-1950), que contienen diarios, protocolos, cartas y tratados. La historia sumamente accidentada de la investigación sobre el concilio Tridentino se puede leer en H. JEDIN, *Das Konzil von Trient. Ein Ueberblick über die Erforschung seiner Geschichte* (1948). La prehistoria inmediata del concilio y su primer período de sesiones están descritos en mi *Geschichte des Konzils von Trient,* 2 vols. (1950/1957); sobre el último período se puede consultar mi libro, *Krisis und Wendepunkt des Trienter Konzils* (1941). He dado también una visión de conjunto de las publicaciones del centenario, antes y después de 1945, en la obra colectiva de G. SCHREIBER, *Das Weltkonzil von Trient* I (1960) 11-31. H. JEDIN, *Rede- und Stimmfreiheit auf dem Konzil von Trient,* en «Historisches Jahrbuch» 75 (1956) 73-93. Sobre los catálogos impresos de participantes: G. ALBERIGO, *Cataloghi dei partecipanti al concilio di Trento editi durante il medesimo,* en «Rivista di Storia della Chiesa in Italia» 10 (1956) 345-373; 11 (1957) 49-94; el mismo, *I vescovi italiani al concilio di Trento* (1958). C. GUTIÉRREZ, *Españoles en Trento* (1951). Sobre la ejecución: L. PASTOR, *Geschichte der Päpste,* VII-XI (véase la traducción española de R. Ruiz Amado; *Historia de los papas* (1911). Relación sobre la ejecución en Italia: G. ALBERIGO, *Studi e problemi relativi all'applicazione del concilio di Trento in Italia:* en «Revista storica italiana» 70 (1958) 239-298.

Sobre la quinta parte.

Los protocolos del concilio Vaticano, en la continuación de la *Amplissima Collectio* de MANSI por PETIT, tomos 49-53 (1923-1927); sin embargo, conviene todavía confrontar la *Collectio Lacensis* VII (1892) de los jesuitas SCHNEEMANN y GRANDERATH, por contener piezas de las actas, que faltan en Mansi. La exposición de conjunto más circunstanciada es la de Th. GRANDERATH, *Geschichte des Vatikanischen Konzils,* 3 vols. (1903-1906). Hay traducción alemana de la edición de las cartas del obispo Ullathorne (1930), completada por H. LANG en *Das Vatikanische Konzil* ([3] 1933), de la que he tomado numerosas citas. Breve exposición por J. SCHMIDLIN, *Papstgeschichte der neusten Zeit* II (1934) 255-292). La mejor es la de R. AUBERT, *Le pontificat de Pie IX* (1952) 311-367; véase además R. AUBERT, *Documents concernants le tiers parti au concile du Vatican,* en *Festschrift Karl Adam* (1952) 241-259.

TABLA CRONOLÓGICA

1. Primer concilio de Nicea : 20 de mayo a 25 de julio (?) de 325. Silvestre I, 314-355. Profesión de fe de Nicea contra Arrio : consubstancialidad del Hijo con el Padre. 20 cánones.
V. p. 19.

2. Primer concilio de Constantinopla : de mayo a julio de 381. Dámaso I, 366-384. Símbolo Niceno-Constantinopolitano : divinidad del Espíritu Santo. 4. cánones.
V. p. 27.

3. Concilio de Éfeso : 5 sesiones, desde 22 de junio a 17 de julio de 431. Celestino I, 422-432. Maternidad divina de María contra Nestorio. 6 cánones.
V. p. 32.

4. Concilio de Calcedonia : 17 sesiones, desde 8 de octubre a 1.º de noviembre de 451. San León I Magno, 440-461. Dos naturalezas en una persona de Cristo. 28 cánones.
V. p. 36.

5. Segundo concilio de Constantinopla : 8 sesiones, desde 5 de mayo a 2 de junio de 553. El papa Vigilio, 537-555. Condenación de los «tres capítulos» de los nestorianos.
V. p. 39.

6. Tercer concilio de Constantinopla (Trullano) : 16 sesiones, desde 7 de noviembre de 680 hasta 16 de septiembre de 681. Los papas Agatón, 678-681 y León II, 682/83. Condenación de la doctrina de una voluntad en Cristo (monotelismo) ; la cuestión de Honorio.
V. p. 41.

7. Segundo concilio de Nicea : 8 sesiones, desde 24 de septiembre hasta 23 de octubre de 787. Adriano I, 772-795. Significado y licitud del culto de las imágenes. 20 cánones.
V. p. 44.

8. Cuarto concilio de Constantinopla : 10 sesiones, desde 5 de octubre de 869 hasta 28 de febrero de 870. Papas Nicolás I, 858-867 y Adriano II, 867-872. Liquidación del cisma de Focio. 27 cánones.
V. p. 48.

9. Primer concilio de Letrán : de 18 de marzo a 6 de abril de 1123. Calixto II, 1119-1124. Confirmación del Concordato de Worms. 25 capítulos.
V. p. 55.

10. Segundo concilio de Letrán : abril de 1139. Inocencio II, 1130-1143. Cisma de Anacleto II. 30 capítulos.
V. p. 57.

11. Tercer concilio de Letrán : 3 sesiones, del 5 al 19 (ó 22) de marzo de 1179. Alejandro III, 1159-1181. 27 capítulos. Mayoría de dos tercios para la elección papal.
V. p. 59.

12. Cuarto concilio de Letrán : 3 sesiones, de 11 a 30 de noviembre de 1215. Inocencio III, 1198-1216. 70 capítulos : profesión de fe contra los cátaros : transubstanciación eucarística ; confesión y comunión anual.
V. p. 62.

13. Primer concilio de Lyón : 3 sesiones, desde 28 de junio hasta 17 de julio de 1245. Inocencio IV, 1243-1254. Deposición del emperador Federico II. 22 capítulos.
V. p. 66.

14. Segundo concilio de Lyón : 6 sesiones, desde 7 de mayo hasta 17 de julio de 1274. Gregorio X, 1271-1276. Estatuto del conclave, unión de los griegos, cruzada. 31 capítulos.
V. p. 69.

15. Concilio de Viena : 3 sesiones, desde 16 de octubre de 1311 hasta 6 de mayo de 1312. Clemente V, 1305-1314. Supresión de los templarios. Cuestión de la pobreza de los franciscanos. Decretos de reforma.
V. p. 74.

16. Concilio de Constanza : 45 sesiones, del 5 de noviembre de 1414 al 22 de abril de 1418. Composición del

gran cisma: resignación del papa romano, Gregorio XII (1405-1415) en julio de 1415; deposición del papa conciliar, Juan XXIII (1410-1415) el 29 de mayo de 1415, y del aviñonés, Benedicto XIII (1394-1415) el 26 de julio de 1417. Elección de Martín V el 11 de noviembre de 1417. Condenación de Juan Hus. Decreto «Sacrosancta»: supremacía del concilio sobre el papa; decreto «Frequens» sobre la periodicidad de los concilios. Concordatos con las cinco naciones conciliares.
V. p. 85.

17. Concilio de Basilea-Ferrara-Florencia: 25 sesiones en Basilea, desde 23 de julio de 1431 hasta 7 de mayo de 1437. Transferimiento a Ferrara por Eugenio IV (1431-1447) el 18 de septiembre de 1437, definitivamente el 1.º de enero de 1438; de allí a Florencia el 16 de enero de 1439. En Florencia: unión con los griegos el 6 de julio de 1439, con los armenios el 22 de noviembre de 1439, con los jacobitas el 4 de febrero de 1442. Desplazamiento a Roma el 25 de abril de 1442.
V. p. 96.

18. Quinto concilio de Letrán: 12 sesiones, desde 10 de mayo de 1512 hasta 16 de marzo de 1517. Julio II, 1503-1513 y León X, 1513-1521. Contra el concilio cismático de Pisa, 1511-1512. Sobre la inmortalidad del alma. Decretos de reforma.
V. p. 104.

19. Concilio de Trento: 25 sesiones, desde 13 de diciembre de 1545 hasta 4 de diciembre de 1563, repartidas en tres períodos: sesiones 1-8, en Trento, 1545-47; 9-11, en Bolonia, 1547, todas ellas bajo Paulo III (1534-1549). Sesiones 12-16, en Trento, 1551-52, bajo Julio III (1550-1555). 17-25, en Trento, bajo Pío IV (1559-1565). Doctrina sobre la Escritura y la Tradición, pecado original y justificación, sacramentos y sacrificio de la Misa, culto de los santos. Decretos de reforma.
V. p. 107.

20. Concilio Vaticano: 4 sesiones, desde 8 de diciembre de 1869 hasta 18 de julio de 1870. Pío IX, 1846-1878. Definición de la doctrina sobre la fe católica y sobre el primado, y de la infalibilidad pontificia.
V. p. 137.